WITZEBUCH für Kinder ab 10 Jahren

Benno Lustig

Vorwort

Hallo liebe Leserinnen und Leser!

Mir wurde gesagt, ihr liebt lustige Witze!

Deshalb findet ihr in diesem Buch meine 525 besten Witze, Scherzfragen und Zungenbrecher. Ihr werdet euch vor Lachen kaum noch einkriegen können, aber das ist völlig OK. Lachen ist nämlich gesund und wer regelmäßig lacht, hält nicht nur seinen Körper, sondern auch seinen Geist fit. Und wisst ihr, was sogar noch gesünder ist? Gemeinsam lachen! Also behaltet die Witze nicht nur für euch, sondern teilt sie ruhig mit euren Liebsten.

Ich wünsche euch ganz viel Spaß!

PS: Passt auf, dass sich beim Sprechen der Zungenbrecher eure Zunge nicht verknotet! Zur Warnung sind sie mit diesem Zeichen markiert:

1.
Ein Mann klettert an einer offen stehenden Bahnschranke hoch.
Schrankenwärter: „Entschuldigung, was treiben Sie da?"
Mann: „Ich vermesse die Schranke!"
Schrankenwärter: „Hätten Sie ja gleich sagen können, dann hätte ich sie Ihnen doch runtergelassen."
Mann: „Nützt ja nichts! Ich brauche die Höhe, und nicht die Breite!"

2.
Onkel Herbert liest Zeitung. Da fragt ihn Tante Dorle: „Was für ein Datum haben wir denn heute?"
„Das weiß ich nicht.“, antwortet er.
„Dann schau doch einfach in der Zeitung nach."
„Geht nicht, die ist doch von gestern."

3.
Zwei Freunde gehen durch die Wüste. Der eine trägt eine Telefonzelle mit sich und der andere einen großen Sack voll Ziegelsteine. Fragt der eine den anderen: „Weshalb trägst Du die Telefonzelle mit dir herum?"
Sagt der andere: „Wenn jetzt ein Löwe kommt, dann kann ich die Telefonzelle aufstellen und wenn ich reingehe, bin ich vor dem Löwen sicher."
Nach kurzer Zeit fragt der andere: „Aber wofür hast du den Sack Ziegel mitgenommen?“
„Wenn der Löwe wiederkommt, dann werfe ich den Sack Ziegel zu Boden und kann schneller weglaufen."

4.
Alter Arbeiter: „Früher mussten wir 25 Stunden am Tag arbeiten!"
Lehrling: „Der Tag hat doch nur 24 Stunden."
Arbeiter: „Wir haben halt eine Stunde früher angefangen!"

5.
Die Großmutter droht ihrer Enkelin Lisa: „Wenn du weiterhin so frech bist, geht es dir noch wie dem Rotkäppchen. Du weißt ja, das hat der Wolf geholt."
Lisa: „Stimmt genau, Oma, aber vorher war die Großmutter dran!"

6.
Polizist: „Sie wissen doch, dass ein Kind erst ab 12 auf dem Beifahrersitz mitfahren darf?"
Autofahrerin: „Ach Herr Wachtmeister, nun seien Sie nicht so! Wegen der paar Minuten!"

7.
Klein-Ferkel ist allein zu Hause. Es läuft gelangweilt umher und guckt sich alles an. Plötzlich entdeckt es eine Steckdose. Es bleibt stehen, geht näher heran und fragt besorgt: „Mann, haben sie dich etwa eingemauert?"

8.
Ein Musikstar gibt ein Konzert in einer Halle. Leider muss er entsetzt feststellen, dass nur eine einzige Frau auf seinen Auftritt zu warten scheint. Er säuselt ins Mikro: „Hey Baby, heute singe ich nur für dich!"
Darauf die Frau: „Ja super, Bübchen, aber mach mal vorwärts, ich muss hier nämlich gleich noch putzen!"

9.
Was ist das Gegenteil von Frühlingserwachen?
Spätrechtseinschlafen.

10.
Wie heißt ein Zauberer, der eine Stunde für einen Zauberspruch benötigt?
Harry Stotter.

11.
Eine Frau im Krankenhaus steht vor einer schwierigen Operation. Sie sagt zum Chirurgen kurz vor der Narkose: „Oh, lieber Doktor. Ich habe solche Angst vor der Operation."
Sagt der Arzt: „Nur keine Panik. Ich habe diese Operation schon 30-mal gemacht. Irgendwann muss es ja klappen!"

12.
Was ist rot und steht im Wald?
Ein Kirsch.

13.
Was essen Autos am liebsten?
Parkplätzchen.

14.
Häschen geht zur Bäckerin und fragt: „Haddu Gemüsekuchen?"
„Nein, habe ich nicht", antwortet sie.
Am nächsten Tag kommt Häschen wieder: „Haddu Gemüsekuchen?"
„Nein, immer noch nicht", antwortet die Bäckerin.
Am dritten Tag fragt Häschen wieder: „Haddu Gemüsekuchen?"
Die Bäckerin hat einen gebacken und ruft „Ja! Jetzt habe ich Gemüsekuchen!"
Das Häschen: „Igitt, wer isst denn sowas?"

15.
Ein Student spielt in seinem Nebenjob den Gorilla im Zoo, da dieser gestorben war und die Besucher nichts merken sollten. Er macht seine Sache richtig gut. Eines Tages schwingt er mit der Liane zu weit und landet nebenan im Löwenkäfig.
Zu Tode erschrocken brüllt er: „Hilfe, zu Hilfe!"
Löwe: „Sei still, du Idiot! Sonst verlieren wir noch beide unseren Job!"

16.
Wie unterscheiden sich die Schule und ein Irrenhaus?
Durch die Telefonnummer

17.
Kommt der Sohn angerannt: „Papa, da ist jemand an der Tür. Er sammelt Spenden für das neue Schwimmbad."
Sagt der Vater: „Ok mein Sohn, gib ihm einen Eimer Wasser mit."

18.
Max kommt am Ende des 4. Schuljahres stolz nach Hause und sagt: „Papa, mein Vertrag für die 4. Klasse wurde verlängert."

19.
Lehrer: „Wenn ich vier Eier auf das Pult lege, und du legst noch einmal vier Eier dazu, wie viele sind es dann?"
Schüler: „Tut mir leid, Herr Lehrer, aber ich kann keine Eier legen."

20.
Im Wartezimmer sitzt eine Dame mit einem Papagei auf dem Schoß.
Arzthelferin: „Sie sind hier nicht beim Tierarzt, sondern beim Psychiater!"
Dame: „Weiß ich, weiß ich! Ich komme ja auch wegen meines Mannes! Er bildet sich ein, ein Papagei zu sein."

21.
Die Schmidts sind verstritten und reden nicht mehr miteinander. Am Abend legt Herr Schmidt seiner Frau einen Zettel hin, auf dem steht 'Morgen um 7 Uhr wecken.'
Am nächsten Tag wacht er erst um 10 Uhr auf. Neben ihm liegt ein Zettel: 'Es ist 7 Uhr. Aufstehen!'

22.
Was spricht man in der Sauna?
Schwitzerdeutsch.

23.
Im Restaurant trinkt ein Mann eine Cola nach der anderen.
Jedes Mal, wenn der Kellner eine neue Cola bringt, ist der Pappdeckel weg.
Irgendwann wird es dem Kellner zu bunt und er bringt die Cola ohne Pappdeckel.
Da beschwert sich der Mann: „Hey, wo ist denn der Keks zur Cola?"

24.
Ein Pfarrer ärgert sich, weil jemand jeden Tag ein paar Äpfel von seinem Apfelbaum klaut. Also hängt er ein Schild auf. Auf dem steht: 'Gott sieht alles'. Am nächsten Tag hängt ein Zettel dran, auf dem steht: 'Aber er petzt nicht'.

25.
Eine Dame kauft einen Trinknapf für ihren Hund. Der Verkäufer fragt, ob sie eine Aufschrift wünsche: 'Für den Hund'.
Dame: „Nicht nötig, mein Mann trinkt kein Wasser, und der Hund kann nicht lesen."

26.
Was ist grün und fliegt über die Wiese?
Die Birne Maja.

27.
Was braucht ein Blinder im Schwimmbad?
Einen Sehhund.

28.
Emma sagt zu Jan: „Wusstest du, dass Mädchen schlauer sind als Jungs?"
„Nein, das wusste ich nicht.", sagt Jan.
Da sagt Emma: „Siehst Du!"

29.
Sagt ein Pferd zum anderen: „Ich habe das Schuften satt!"
Das andere Pferd: „Dann schreib doch an den Tierschutzverein!"
„Bist du verrückt? Wenn der Bauer merkt, dass ich schreiben kann, muss ich auch noch seinen Bürokram machen!"

30.
Was ist klein, rot, glänzt und fährt ständig rauf und runter?
Eine Kirsche im Fahrstuhl.

31.
Mitten in der Nacht klingelt bei Maiers das Telefon.
Anrufer: „Ist dort eins-drei-zwo-null-fünf-eins?"
Maier: „Nein! Dreizehn-zwanzig-einundfünfzig."
Anrufer: „Entschuldigung, dann habe ich mich verwählt!"
Maier: „Macht nichts, ich musste sowieso aufstehen, weil mein Telefon geklingelt hatte."

32.
Gehen zwei Sandkörner durch die Wüste flüstert das eine: „Psst, ich glaube wir werden verfolgt."

33.
Die Klasse soll für den nächsten Tag einen Aufsatz schreiben zum Thema ‚Faulheit'. Der kleine Peter gibt am nächsten Tag seinen Aufsatz ab. Es ist ein leeres Blatt Papier.
Die Lehrerin: „Peter, du hast ja gar nichts geschrieben."
Peter: „Doch, drehen Sie mal das Blatt um."
Die Lehrerin sieht dort einen einzigen Satz: 'Das ist Faulheit.'

34.
Im Religionsunterricht fragt der Pfarrer den Peter, ob er denn auch schön jeden Abend daheim ein Gebet spricht.
„Das tut meine Mama immer für mich", antwortet Peter.
Pfarrer: „Und was betet sie?"
Peter: „Gott sei Dank, ist er endlich im Bett!"

35.
Was ist schwarz, weiß und rot?
Ein Zebra mit Sonnenbrand.

36.
Der Deutschlehrer sagt zu Fritzchen: „Wenn du nur eine Sache über die Dichter des 17. Jahrhunderts weißt, dann bekommst du keine 5 von mir, versprochen!"
Fritzchen: „Sie sind alle tot."

37.
Was dürfen Fische niemals benutzen?
Anti-Schuppen-Shampoo.

38.
Die kleine Lisa ist beim Spielen hingefallen. Da fragt die Großmutter ganz aufgeregt: „Lisa – ist Deine Nase noch heile?"
Lisa antwortet: „Ja Oma, mach Dir keine Sorgen. Die zwei Löcher waren vorher auch schon drin!"

39.
In welchem Fall ist 4+4=10?
In gar keinem.

40.
Treffen sich zwei Taschendiebe. Fragt der eine: „Wie geht's?"
Sagt der andere: „Wie man's nimmt!"

41.
Arzt: „Haben sie meinen Rat befolgt und nur bei offenem Fenster geschlafen?"
Patientin: „Jawohl."
„Und, sind Sie nun Ihre Atemnot los?"
„Nein, aber meinen Schmuck!"

42.
Doktor: „Sie sehen viel schlechter aus als vor einer Woche! Sie sollten doch nur höchstens fünf Zigaretten pro Tag rauchen!"
Patient: „Habe ich auch gemacht. Allerdings habe ich früher gar nicht geraucht!"

43.
Papa: „Fritzchen, warum weint denn deine kleine Schwester?"
Fritzchen: „Weil ich ihr geholfen habe!"
Papa: „Aber das ist doch gut. Wobei hast du ihr denn geholfen?"
Fritzchen: „Beim Gummibärchen essen!"

44.
Mutter: „Kind, hast du nicht Lust, mit dem Elektroelefanten zu spielen?"
Kind: „Mama, ich bin schon 12. Kannst du mir bitte ganz normal sagen, dass ich Staubsaugen soll?"

45.
Eine Kuh trifft einen Polizisten: „Stellen Sie sich vor, mein Mann ist auch Bulle!"

46.
Zwei Irre spielen Mensch-Ärgere-Dich-Nicht.
Erster Irrer: „Schach!"
Anderer Irrer: „Mann, bei Halma gibt es keinen Elfmeter!"

47.
Wie teilt man 8 Äpfel gerecht zwischen 3 Personen auf?
Als Apfelmus.

48.
Meier stürzt in einen Haushaltswarenladen: „Schnell, eine Mausefalle! Ich muss den Bus noch erwischen!"
Verkäufer: „Tut mir leid, aber so große Fallen haben wir nicht!"

49.
Familie Maus macht einen Ausflug. Plötzlich treffen Sie eine Katze. Papa Maus fängt an zu bellen: „Wau, wau!"
Die Katze rennt vor Schreck davon.
„Seht ihr Kinder? Fremdsprachen kann man immer gut gebrauchen."

50.
Die Schulklasse spricht über Berufe. Da sagt die kleine Marie: „Mein Papa mag Geigen viel lieber als Klaviere."
Da fragt die Lehrerin: „Dann ist dein Vater also Musiker?"
„Nein", sagt die kleine Marie. „Er ist Möbelpacker."

51.
Susi: „Mama, möchtest du ein Eis haben?"
Mutter: „Nein, mein Kind. Vielen Dank."
Susi: „Ok, Mama. Und jetzt frag du mich mal."

52.
Fragt der Deutschlehrer die Klasse: „Wer von euch kann mir einen berühmten Dichter der Antike nennen?"
Karla meldet sich und antwortet: „Achilles!"
Daraufhin sagt der Lehrer: „Aber Karla, Achilles war doch kein Dichter!"
Da antwortet Karla überrascht: „Aber wieso? Der ist doch wegen seiner Ferse berühmt geworden."

53.
„Simon, warum liegt dein Teddybär im Eisschrank?"
„Ich züchte einen Eisbären, Papa!"

54.
Roland: „Wenn ich Kaffee trinke, kann ich nicht schlafen."
Uli: „Bei mir ist es genau umgekehrt: Wenn ich schlafe, kann ich keinen Kaffee trinken."

55.
Der Offizier schimpft mit einem seiner Soldaten. Offizier: „Soldat, ich habe Sie beim Tarnungstraining heute nicht gesehen!"
Soldat: „Oh, Sie schmeicheln mir aber!"

56.
Warum können Skelette nicht lügen?
Weil man sie zu leicht durchschaut.

57.
Ein Fakir kommt in die Eisenwarenhandlung und verlangt 5000 Nägel.
Der Verkäufer staunt: „Wofür brauchen sie denn die vielen Nägel?"
„Meine Frau will das Bett neu beziehen."

58.
Peter erzählt: „Meine Mutter hat vor kurzem „Das Doppelte Lottchen" gelesen und bekam Zwillinge!"
Max sagt: „Meine Mama hat die drei Musketiere gelesen und bekam kurz darauf Drillinge!"
Fritzi ganz entsetzt: „Ich muss schnell nach Hause, meine Mutter liest gerade Ali Baba und die 40 Räuber!"

59.
Kommt ein Hase zum Schneemann: „Möhre her oder ich föhn dich!"

60.
Laufen zwei Zahnstocher den Berg hinauf. Da kommt ein Igel vorbei. Sagt der eine Zahnstocher zu dem anderen: „Wenn ich gewusst hätte, dass hier ein Bus kommt, hätten wir uns das Laufen sparen können!"

61.
Fragt der Mathelehrer den kleinen Fritz: „Wenn du 3 Euro hast und deine Schwester um weitere 2 Euro bittest – wie viel Euro hast du dann?"
Sagt der kleine Fritz: „3 Euro!"
Der Mathelehrer ist entsetzt und sagt: „Aber Fritz – kannst du denn überhaupt nicht rechnen?"
Entgegnet Fritz: „Doch, Herr Lehrer. Aber Sie kennen meine Schwester nicht!"

62.
„Knacki Klose ist ausgebrochen!", schreit der Gefängniswächter.
„Na endlich!", sagt der Aufsichtsbeamte. „Das nächtliche Gesäge an den Gitterstäben ging mir so auf die Nerven!"

63.
Die Mutter tadelt ihren Sohn: "Anstatt hier vor dem Fernseher zu hocken, solltest du lieber Vati bei deinen Schularbeiten helfen!"

64.
Kommt ein neuer Schüler in die Klasse. Fragt ihn die Lehrerin: „Na, wie heißt du?"
„Ich heiße Felix."
„Und dein Alter?"
„Der heißt Peter."

65.
Junge: „Was ist ein Rotkehlchen?"
Schwester: „Ach, irgend so ein verrückter Fisch!"
Junge: „Hier steht aber: Hüpft von Ast zu Ast!"
Schwester: „Da siehst du mal, wie verrückt der ist!"

66.
Fritzchen muss zur Strafe 100-mal „Ich darf meine Lehrerin nicht duzen" schreiben. Als er die Strafarbeit abgibt, staunt die Lehrerin: „Fritzchen, warum hast du es denn gleich 200-mal geschrieben?"
Fritzchen: „Weil du es bist, Frau Lehrerin."

67.
Was ist rot und schlecht für die Zähne?
Ein Ziegelstein.

68.
Ich habe vorhin beim Brötchen angerufen. War belegt.

69.
Lehrer: „Was bedeutet 'der Katalog'?"
Schüler: „Die Vergangenheitsform von 'der Kater lügt'."

70.
„Was kannst du auf deiner Gitarre spielen?"
„Alles."
„Okay, dann spiel mal Orgel."

71.
Ein Schaf geht in Hollywood neugierig durch das Filmgelände, findet eine alte Filmrolle und frisst sie auf. Als ein anderes Schaf vorbeikommt und fragt, wie die Rolle geschmeckt hat, sagt es: „Also, wenn du mich fragst, das Buch war besser als der Film."

72.
Der Potsdamer Postkutschenputzer putzt den Potsdamer Postkutschenputzerkasten, den Potsdamer Postkutschenputzerkasten putzt der Potsdamer Postkutschenputzer.

73.
Es lagen zwei zischelnde Zischelschlangen zwischen zwei Zwischensteinen und zischten dazwischen.

74.
Zwanzig zerquetschte Zwetschgen und zwanzig zerquetschte Zwetschgen sind zusammen vierzig zerquetschte Zwetschgen.

75.
Traurig trank Thomas tausend Tropfen Tee, tausend Tropfen Tee trank Thomas traurig.

76.
Das Telefon klingelt. Stimme aus dem Hörer: „Ich wollte ihnen mitteilen, dass Petra Schön heute nicht zum Unterricht kommen kann. Sie hat sich erkältet."
Lehrerin: „Und wer ist am Apparat?"
Stimme: „Mein Vater!"

77.
Was steht in der Mitte von Paris?
Das R.

78.
Papa bringt seinen kleinen Sohn ins Bett. Nach einer Weile öffnet die Mutter ganz vorsichtig die Zimmertür und fragt leise: „Und, ist er schon eingeschlafen?"
Antwortet der kleine Sohn: „Ja, und er schnarcht!"

79.
Lisa streichelt die Katze von Oma Erna. Da beginnt die Katze zu schnurren.
Erschrocken fragt Lisa: „Oma, wo stell ich denn den Motor wieder aus?"

80.
Sitzen zwei Mäuse auf dem Dach und beobachten den Sternenhimmel. Plötzlich fliegt eine Fledermaus an den beiden vorbei. Da ruft die eine Maus ganz aufgeregt: „Wow, es gibt Engel also wirklich!"

81.
Die Stiftung Warentest hat Besteck getestet.
Ein Messer hat am besten abgeschnitten.

82.
Ein Junge grüßt einen Bauern, der seine Kuh melkt.
Einen Tag später, sieht der Junge den Bauern besorgt umher rennen.
Der Bauer fragt, ob jemand seine Kuh gesehen hat. Sie sei weggelaufen.
Daraufhin sagt der Junge: „Keine Sorge, lieber Bauer. Die Kuh kann nicht weit gekommen sein. Du hast ihr ja gestern den ganzen Tank leergepumpt."

83.
Sagt der Schneemann zum Kumpel: „Ich könnte schwören, ich rieche Karotten!"

84.
Warum gehen Ameisen nicht in die Kirche?
Weil sie Insekten sind.

85.
Wie nennt man eine Gruppe von Wölfen?
Wolfgang.

86.
Wie heißt der Schutzpatron der Vergesslichen?
Äh Dings!

87.
Eine Schildkröte wird von einer Gruppe Schnecken überfallen. Die Polizei befragt die Schildkröte: „Kannst du uns sagen, was passiert ist?”
„Nein“, sagt die Schildkröte ganz aufgebracht, „es ging irgendwie alles so schnell!”

88.
Fischers Fritze fischte frische Fische. Frische Fische fischte Fischers Fritze.

89.
Blaukraut bleibt Blaukraut und Brautkleid bleibt Brautkleid

90.
In Ulm, um Ulm und um Ulm herum.

91.
Ludwig Leckermann aus Eck am Leck leckt leckere eckige Lollis.

92.
Mischwasserfischer heißen Mischwasserfischer, weil Mischwasserfischer im Mischwasser Mischwasserfische fischen.

93.
Wie nennt man einen Keks, der unter einem Baum liegt?
Schattiges Plätzchen.

94.
In welchen Zug passt nur ein Mensch?
In einen Anzug.

95.
Aufgebracht sagt Max zum Lehrer: „Sie haben keinen Beweis, dass ich bei Lena abgeschrieben habe!"
„Doch", antwortet der Lehrer. „Bei der fünften Frage hat Lena 'Weiß ich nicht.' geschrieben und bei dir steht 'Ich auch nicht'!"

96.
Was ist der Unterschied zwischen einem Pferd und einem Kaktus?
Probier' dich mal drauf zu setzen, dann weißt du es.

97.
Patient: „Herr Doktor, jeden Morgen, wenn ich aufwache, tut mir mein Rücken so doll weh. Was kann ich dagegen tun?"
Doktor: „Stehen Sie einfach mittags auf."

98.
Im Bus sitzt ein Junge mit einer Schnupfnase.
Feiner Herr neben ihm: „Sag mal, hast du denn gar kein Taschentuch, Junge?"
Junge: „Schon, aber ich verleihe es nur ungern."

99.
Alle Steine sind dumm, nur Einstein nicht.

100.
Treffen sich zwei Tiere. Sagt das eine: „Ich bin ein Wolfshund. Meine Mama ist ein Wolf und mein Papa ein Hund. Und was bist du?"
„Ich bin ein Ameisenbär."
„Nie und nimmer!"

101.
Wie nennt man einen studierten Bauern?
Einen Ackerdemiker.

102.
Fritz zu seinem Freund Ben: „Ich habe eine gute und eine schlechte Nachricht. Welche willst du zuerst hören?"
Antwortet Ben: „Die Gute, bitte!"
Sagt Fritz: „Die gute Nachricht ist, ich habe keine schlechte Nachricht."

103.
Ein Bär rennt durch den Wald und schreit immer wieder „Kugel".
Da fragt ein anderer Bär: „Wieso schreist du immer wieder Kugel?"
Der andere Bär sagt: „Ich bin ein Kugel-schrei-bär!"

104.
Kommt ein Holzwurm nach Hause und sagt zu seiner Frau: „Du, heute ist eine Holzladung aus Hongkong angekommen. Ich lad dich ein."
Daraufhin seine Frau: „Och, nee! Wir waren doch schon gestern chinesisch essen!"

105.
Im Fundbüro: „Ist hier ein Fünfzig-Euro-Schein abgegeben worden?"
Fräulein: „Nein, nur ein Hundert-Euro-Schein."
Mann: „Macht nichts, ich kann wechseln."

106.
Schüler: „Papi, heute haben wir in der Schule Experimente mit Sprengstoff gemacht."
Vater: „Und was macht ihr morgen in der Schule?"
Schüler: „In welcher Schule?

107.
Wie alt bist du jetzt?“, fragt die Tante den kleinen Maxi.
„Sechs."
„Und was möchtest du später mal werden?"
„Sieben!"

108.
Welcher Zahn beißt nie?
Der Löwenzahn!

109.
Lehrer: „Weißt du, wie lange Fische leben?"
Schüler: „Wahrscheinlich genauso wie kurze."

110.
Lehrer: „So liebe Klasse, ihr zeichnet jetzt bitte alle eine Wiese mit einer Kuh!"
1 Minute später gibt Tom ein weißes Blatt Papier ab: „Ich bin fertig."
Lehrer: „Wo ist denn die Wiese?"
Tom: „Die hat die Kuh aufgegessen."
Lehrer: „Und wo ist dann die Kuh?"
Tom: „Die ist weitergezogen, weil es hier doch nichts mehr zu essen gibt."

111.
Fritzchen kommt zur Mama und sagt: „Mama, ich habe Bauchschmerzen."
Sagt die Mama: „Das kommt daher, dass du nichts im Bauch hast."
„Oh!", sagt Fritzchen. „Jetzt weiß ich, warum du immer Kopfschmerzen hast."

112.
Egal wie gut du schläfst, Albert schläft wie Einstein.

113.
Klein Fritz lernt Fahrrad fahren. Er dreht ein paar Runden um einen Häuserblock. Seine Mutter schaut ihm zu. Nach ein paar Runden ruft Fritz: „Schau mal Mama, ohne Hände."
Nach weiteren drei Runden: „Schau mal Mama, ohne Füße!"
Eine Runde später: „ Au maa Mama, ohne Ssähne!"

114.
Ein Papa ist ganz stolz darauf, dass sein einjähriger Sohn Fritz schon sprechen kann. Bei einem Kaffeetrinken mit Freunden sagt der Papa zu Fritz: „Fritz, sag mal 'Rhinozeros'!
Fritz kommt zum Tisch gekrabbelt, zieht sich an der Tischkante hoch, schaut in die Runde und fragt: „Zu wem?"

115.
Ein Arzt stellt mitten in der Nacht fest, dass sein Keller unter Wasser steht. Sofort ruft er einen Klempner an. Dieser weigert sich allerdings, zu dieser späten Stunde noch zu kommen.
Daraufhin wird der Arzt aufgebracht und erklärt, dass er auch mitten in der Nacht kommen muss, wenn er zu einem Notfall gerufen wird.
Eine Viertelstunde später ist der Klempner da. Gemeinsam mit dem Arzt betritt er die Kellertreppe, die bereits zur Hälfte unter Wasser steht. Der Klempner öffnet seine Tasche, holt zwei Dichtungsringe heraus, wirft diese ins Wasser und sagt: "Wenn es bis morgen nicht besser ist, rufen Sie wieder an."

116.
Ein Gast beschwert sich: „Früher waren die Portionen hier aber viel größer als heute!"
Ober beschwichtigend: „Das kommt Ihnen nur so vor, mein Herr! Wir haben inzwischen lediglich das Lokal vergrößert!"

117.
Ein Autofahrer hat sich verfahren. Da kam er zu drei Türen. In einer Tür war Gold, in der zweiten Tür gab es etwas zu trinken und in der letzten Tür gab es etwas zu essen. Welche Tür öffnet er zuerst?
Die Autotür.

118.
Zwei Schlangen kriechen durchs trockene Gras. Da sagt die eine zur anderen: „Sag mal, sind wir eigentlich giftig?"
„Hä, wieso?", sagt die andere.
„Ich habe mir gerade auf die Zunge gebissen!"

119.
Ein schnelles Schulkind schnürt Schneeschuhe schnell zu.

120.
Tom kommt sehr früh von der Schule nach Hause.
Der Vater fragt: „Tom, warum bist du so früh von der Schule zurück?"
Tom antwortet: „Wir haben heute Hitzefrei bekommen"
Vater: „Aber es ist doch Winter!"
Tom: „Ja, das stimmt, aber die Schule ist heute abgebrannt!"

121.
Der Bäckerlehrling wird beauftragt, auf die Torte 'Happy Birthday' zu schreiben.
„Aber bitte so sauber wie möglich", mahnt der Meister.
Zehn Minuten später ruft der Meister: „Bist du endlich fertig?"
„Nein", brüllt der Azubi zurück, „Ich bekomme die Torte einfach nicht in die Schreibmaschine!"

122.
Was passiert mit Anna wenn sie ins kalte Wasser springt?
Sie wird zu Annanass.

123.
Geht ein Cowboy zum Friseur. Kommt er raus, ist sein Pony weg.

124.
Welche Hunderasse isst mit den Ohren?
Alle. Oder hast du schon mal gesehen, dass ein Hund vor dem Essen die Ohren abnimmt?

125.
„... und als ich aus dem Wirtshaus kam, sehe ich doch, wie einer mit meinem Auto davonbraust!"
„Und - können Sie den Dieb beschreiben?"
„Das nicht, aber ich habe mir die Autonummer notiert."

126.
Welche Zeit ist es, wenn ein Elefant auf dem Auto sitzt?
Zeit für ein neues Auto.

127.
Papa bringt die Zwillinge Paul und Leo ins Bett. Paul kichert die ganze Zeit.
Der Papa fragt: „Warum lachst du denn die ganze Zeit so?"
„Ach Papa, du hast Leo zweimal die Zähne geputzt und mir gar nicht."

128.
Was steht auf dem Grabstein eines Mathematikers?
"Damit hat er nicht gerechnet."

129.
Am Zehnten Zehnten um zehn Uhr zehn zogen zehn zahme Ziegen zehn Zentner Zucker zum Zoo.

130.
Früh fressen freche Frösche frische Früchtchen. Frische Früchtchen fressen freche Frösche früh.

131.
Wenn prahlerische Piraten pikanten Piratenbraten braten, wird pikanter Piratenbraten von prahlerischen Piraten gebraten.

132.
Die Mutter zu ihrem Sohn: „Kannst du bitte schnell den Salzstreuer auffüllen?"
Eine Stunde später kommt der Kleine schluchzend und schniefend aus der Küche: „Ich schaff's einfach nicht, das Zeug durch die Löcher zu stopfen!"

133.
Jeepfahrer in der Wüste: „Wie komme ich ins nächste Dorf?"
Wüstennomade: „Ganz einfach. Sie fahren immer geradeaus, und nächste Woche biegen Sie links ab."

134.
Züchter: „Mir ist es endlich gelungen, runde Bananen zu züchten!"
Kollege: „Das ist ja super."
Züchter: „Der einzige Nachteil ist, die Dinger schmecken wie Orangen!"

135.
Geht ein Mann in die Buchhandlung und sagt: „Ich hätte gerne einen besonders spannenden Krimi."
Sagt der Verkäufer: „Da habe ich eine super Empfehlung für Sie. Bei diesem Buch hier erfahren Sie erst auf der letzten Seite, dass es der Gärtner war."

136.
Wenn rennende Rentiere Rentierrennen rennen, rennen rennende Rentiere Rentierrennen.

137.
Der Wachsmasken-Max wachst Wachsmasken aus Wachs. Aus Wachs wachst der Wachsmasken-Max Wachsmasken.

138.
Sieben schwitzende Schneeschipper schippen schwer Schnee mit sieben schwarzen Schneeschippen.

139.
Wenn viele flotte Vögel hinter vielen flotten Vögeln fliegen, fliegen viele flotte Vögel vielen flotten Vögeln nach.

140.
Marvin ist mit einem Haufen Laub unter den Armen auf dem Weg nach Hause. Da sieht ihn sein Nachbar und fragt: „Was hast du denn mit dem ganzen Laub vor, Marvin?"
Marvin: „Ach, meine Mama backt einen Blätterteig und ich wollte ihr helfen."

141.
Hält ein Polizist einen Lkw-Fahrer an und sagt: „Ich halte Sie schon zum 5. mal an und schon zum 5. Mal sag ich Ihnen, dass Sie Ladung verlieren."
Der Fahrer darauf genervt: „Und ich sage Ihnen schon zum 5. Mal, dass dies ein Streufahrzeug ist!"

142.
In der Tierhandlung: „Ist das ein guter Wachhund?"
„Aber ja! Wenn Sie nachts ein Geräusch hören, müssen Sie ihn nur wecken, dann bellt er sofort!"

143.
"Die Schmerzen in Ihrem linken Bein sind altersbedingt", sagt der Arzt zum Patienten.
"Das kann nicht sein! Mein rechtes Bein ist genauso alt und tut nicht weh!"

144.
Lisa fragt ihre Mutter: „Kennst du den Unterschied zwischen Radio, Fernsehen und Taschengelderhöhung?"
Mutter: „Nein."
Lisa: „Das Radio hört man, das Fernsehen sieht man, aber von einer Taschengelderhöhung hört und sieht man überhaupt nichts!"

145.
Tim ist schon fünf Jahre alt, hat aber noch nie ein Wort gesprochen. Eines Tages beim Mittagessen sagt er wütend zu seiner Mutter: „Die Suppe ist ja komplett versalzen!"
Die Mutter ist völlig erschrocken. Nach einer Weile fragt sie: „Tim, warum hast du denn die ganze Zeit nichts gesagt? Ich habe mir große Sorgen gemacht!"
Antwortet Tim: „Bis jetzt war das nicht nötig, weil das Essen immer in Ordnung war!"

146.
Häschen kommt in den Laden und fragt den Verkäufer: „Haddu Möhrchen?"
Der Verkäufer: „Nein."
Am nächsten Morgen steht das Häschen wieder da: „Haddu Möhrchen?"
Der Verkäufer wieder: „Nein!"
Am dritten Tag kommt das Häschen wieder: „Haddu Möhrchen?"
„Ja! Heute habe ich Möhrchen, frisch vom Markt."
„Muddu essen, die sind gesund."

147.
Mike kommt aufgeregt und zu spät in die Schule: „Ich bin von Räubern überfallen worden!"
„Und was hat man dir geraubt?", will der Lehrer wissen.
„Gott sei Dank nur die Hausaufgaben!"

148.
Die Stewardess verteilt im Flugzeug Kaugummi: „Das ist gut für die Ohren."
Älterer Herr nach einigen Stunden: „Können Sie mir mal sagen, wie man das Zeug wieder aus den Ohren herausbekommt?"

149.
Sagt die eine Wolke zur anderen: „Hast du irgendwo einen Wolkenkratzer gesehen? Mein Bauch juckt."

150.
Lars soll sein Zimmer gründlich aufräumen und Staub wischen. Mit dem Ergebnis ist die Mutter nicht zufrieden.
Sie fährt mit dem Finger über den Globus: „Schau, überall liegt noch Staub!"
Lars: „Ist ja logisch, wenn du ausgerechnet über die Sahara streichst!"

151.
Mann zum Anwalt: „Wie hoch ist denn Ihr Honorar?"
Anwalt: „1000 Euro für 3 Fragen."
Mann: „Wirklich? Ist das nicht ein bisschen zu teuer?"
Anwalt: „Ja, kann sein. Was ist Ihre dritte Frage?"

152.
Ein Mann fällt aus dem Fenster eines 20-stöckigen Wolkenkratzers und überlebt. Wie konnte das geschehen?
Ist doch klar, er ist nur aus dem ersten Stock gefallen.

153.
Was ist das Gegenteil von Reformhaus?
Reh hinterm Haus.

154.
Ein Zauberer ruft einen Jungen aus dem Publikum zu sich auf die Bühne. Dort begrüßt er ihn, gibt ihm die Hand, schaut ins Publikum und fragt den Jungen: "Nicht wahr, du hast mich noch nie gesehen?"
"Nein, Papa." antwortet der Junge...

155.
Warum leben Haie in Salzwasser?
Weil sie in Pfefferwasser niesen müssten.

156.
Was sagt ein großer Stift zu einem kleinen Stift?
Wachs mal Stift.

157.
Lehrer: „Und jetzt singe ich noch das letzte Lied meines Liedervortrages 'Am Brunnen vor dem Tore'."
Schüler: „Gute Idee, hier drinnen hört Ihnen sowieso keiner mehr zu."

158.
Martin erzählt in der Kneipe: „Letzens hat mir mein Nachbar gesagt, dass ich ordentlich sparen könnte, wenn ich statt mit meinem Auto mit dem Bus fahre. Ich hab auf ihn gehört, aber das war ein großer Fehler..."
„Wieso denn?"
„Erstens ist der gleich bei der Anschaffung viel teurer und zweitens braucht der noch viel mehr Tank als mein alter Wagen!"

159.
Empörter Kunde an der Kasse: „Wenn Sie noch nie einen 37-Euro-Schein gesehen haben, wie können Sie dann behaupten, er sei falsch?"

160.
Markus hat Geburtstag. Seine Oma will ihm eine Freude machen: „Markus, zu deinem 10. Geburtstag darfst du dir ein Buch wünschen."
Markus: „Hmm, dann hätte ich gerne dein Sparbuch!"

161.
Geht die kleine Ina zu ihrem Vater: „Papa, ich habe zwei Fragen an dich. Die erste Frage: Kann ich bitte mehr Taschengeld haben? Und die zweite: Warum nicht?"

162.
Die Lehrerin fragt die Klasse: Was schätzt ihr, wie hoch unsere Schule ist?"
Fritzchen meldet sich: „1,20 Meter!"
Die Lehrerin ganz verwirrt: „1,20 Meter? Wie kommst du denn darauf?"
Fritzchen: „Naja, ich bin 1,40 Meter groß und die Schule steht mir bis zum Hals."

163.
Lehrer: „Aufwachen, Peter! Ich glaube nicht, dass das Klassenzimmer der richtige Ort für ein Nickerchen ist!"
Peter: „Doch, das geht schon. Sie müssen nur etwas leiser sprechen!"

164.
Fritzchen hilft dem Bauer beim Kühe füttern. Plötzlich sieht der Bauer, wie Fritzchen Kakaopulver ins Futter streut. Er fragt: „Warum streust du den Kühen Kakaopulver ins Futter?"
Fritzchen: „Ja, damit sie Schokomilch geben! Was sonst?"

165.
In der Schule fragt die Lehrerin: „Was ist flüssiger als Wasser?"
Lisa meldet sich und sagt: „Hausaufgaben – die sind nämlich überflüssig!"

166.
Gehen zwei Eskimos nach Hause.
Fragt der eine den anderen: „Wo ist eigentlich dein Iglu?"
Erschrickt der andere: „Oh nein, ich habe das Bügeleisen angelassen!"

167.
Klaus Knopf klaut klitzekleine Klöße, Kloppse und Knödel.

168.
Selten ess ich Essig. Ess ich Essig, ess ich Essig mit Salat.

169.
Wenn Fliegen hinter Fliegen fliegen, fliegen Fliegen Fliegen nach.

170.
Wie nennt man einen Cowboy ohne Pferd?
Sattelschlepper.

171.
Was ist das Gegenteil von Japan?
Neinpan!

172.
Max kommt in die Schule und sagt: „Frau Lehrerin, mein Papa hat mir zwanzig Euro für jede Eins in meinem Zeugnis versprochen."
Lehrerin: „Heißt das, du willst dich dieses Jahr extra anstrengen?"
Max: „Ich wollte eigentlich vorschlagen, dass Sie mir nur Einser geben und wir halbe-halbe machen!"

173.
Eine Fliege saust haarscharf an einem Spinnennetz vorbei.
Spinne: „Na, warte ab, morgen erwische ich dich."
Fliege: „Ätsch, ich bin eine Eintagsfliege."

174.
Lehrer: „Welchen Nutzen hat die Sonne?"
Schüler: „Überhaupt keinen! Nachts scheint sie nicht, und am Tag ist es sowieso hell."

175.
Wie nennt man einen Bumerang, der nicht zurück kommt?
Stock.

176.
Treffen sich zwei Fische. Sagt der eine: „Hi!"
Sagt der andere ganz erschrocken: „Wo? Wo? Wo?"

177.
Martin trifft seinen Freund Lars auf der Straße und sagt: „Hi Lars, schön Dich zu sehen! Wie geht dein neues Fahrrad?"
Lars entgegnet: „Ein Fahrrad geht nicht. Ein Fahrrad fährt."
Martin sagt: „Und wie fährt dein Fahrrad?"
Lars antwortet: „Es geht."

178.
Fritz zu seinem Freund: „Max, kann es sein, dass du ein Loch im Schuh hast?"
Max, verwundert: „Nein?"
Firtz: „Wie bist du dann mit deinem Fuß in den Schuh hineingekommen?"

179.
Was ist weiß und kriecht den Berg hinauf?
Eine Lawine mit Heimweh.

180.
„Herr Psychiater, alle ignorieren mich!"
Der Psychiater: „Der nächste!"

181.
Ein Mann fragt seine Frau, die gerade beim Arzt war: „Was hat der Doktor gesagt?"
Frau: „Dreißig Euro!"
Mann: „Nein, was hast du gehabt?"
Frau: „Zwanzig Euro!"
Mann: „Nein, ich meine, was hat dir gefehlt?"
Frau: „Zehn Euro!"

182.
Welches Hilfsmittel benutzen Gespenster bei Schulprüfungen?
Einen Spukzettel.

183.
Zu welchem Arzt geht Pinocchio?
Zum Holz-Nasen-Ohren-Arzt.

184.
Der Lehrer fragt: „Was ist ein Sattelschlepper?"
Meldet sich Florian: „Vermutlich ein Cowboy, der sein Pferd verloren hat!"

185.
Häschen kommt zum Bäcker. Es fragt: „Haddu 500 Brötchen?"
Der Bäcker ist verwundert, sagt nein. Am nächsten Morgen kommt Häschen wieder: „Haddu 500 Brötchen?"
Der Bäcker sagt nein. Am dritten Morgen kommt das Häschen wieder in die Bäckerei und fragt: „Haddu 500 Brötchen?"
Der Bäcker freut sich und sagt: „Ja, jetzt habe ich wirklich 500 Brötchen da!"
Sagt das Häschen: „Kann ich zwei haben, bitte?"

186.
Quizmaster: „Was ist der Unterschied?"
Kandidat: „Zwischen was, bitte?"
Quizmaster: „Tut mir leid, helfen darf ich nicht!"

187.
Die Lehrerin fragt Fritzchen: „Weißt du, was 'Glocke' auf Englisch heißt?"
Fritzchen: „Nein, das weiß ich nicht."
Lehrerin: „Bell."
Fritzchen: „Wau, wau!"

188.
Ein Patient fragt seinen Arzt: „Herr Doktor, ich höre immer so ein Klingeln im Ohr."
Sagt der Doktor: „Ja, dann gehen sie doch endlich ran."

189.
Treffen sich zwei Gespenster. Fragt das eine: „Hast du den Job im Restaurant bekommen?"
Antwortet das andere: „Ja, habe ich!"
Fragt das erste wieder: „Etwa als Kellner?"
Antwortet das andere wieder: „Nein, als Tischtuch!"

190.
Wie bekommt man einen Elefanten in den Kühlschrank?
Tür auf, Elefant rein, Tür zu.

191.
Ein Opa zeigt dem Busfahrer seine Fahrkarte. „Aber das ist ja eine Kinderfahrkarte!" stellt der Busfahrer fest.
Sagt der Opa: „Da können Sie mal sehen, wie lange ich auf diesen Bus gewartet habe!"

192.
Was versteht man unter einer Turbine?
Nichts – ist viel zu laut.

193.
Mutter: „Anna, kannst du bitte mal schauen wieviel Zahnpasta wir noch haben?"
Anna: „Klar, Mama!"
Nach einer Minute kommt Anna zur Mutter gelaufen: „Also die Zahnpasta reicht noch genau vom Badezimmer bis ins Wohnzimmer!"

194.
Wie nennst du einen Affen mit einer Banane in jedem Ohr?
Ganz egal, wie du ihn nennst, er kann dich eh nicht hören.

195.
Im Musikunterricht fragt der Lehrer: „Nennt mir mal ein beliebiges Streichinstrument."
Da meldet sich Peter: „Pinsel!"

196.
Was sagt der Holzwurmpapa abends zu seinen Kindern?
„Husch, husch Kinder, ab ins Brettchen!"

197.
Kunde im Blumenladen: „Sind die Blumen künstlich?"
Verkäufer: „Natürlich!"
Kunde: „Was denn nun, künstlich oder natürlich?"
Verkäufer: „Künstlich natürlich!"

198.
Wohin geht ein Mathelehrer, wenn ihm kalt ist?
In eine Ecke. Da sind es immer 90 Grad.

199.
An der Grenze hält ein großer LKW. Zöllner: „Haben Sie etwas zu verzollen?"
Fahrer: „Nein, nichts."
Der Zöllner geht misstrauisch um den Laster herum, hebt die Plane hoch und entdeckt einen Elefanten, an dessen Ohren jeweils eine Brotscheibe klebt.
Zöllner: „Erlauben Sie mal, Sie können doch nicht einfach einen unverzollten Elefanten über die Grenze bringen."
Fahrer: „Das vielleicht nicht! Aber ich werde mir doch wohl auf mein Sandwich draufschmieren können, was ich will."

200.
Angerufener: „Wer ist denn am Telefon?"
Huber: „Huber"
Angerufener: „Bitte, wer?"
Huber: „Huber! Heinrich, Ulrich, Berta, Emil, Richard."
Angerufener: „Und wieso ruft ihr zu sechst an?"

201.
Maier: „Mir fallen vor lauter Sorgen schon die Haare aus!"
Freund: „Und worüber machst Du Dir so viele Sorgen?"
Maier: „Dass ich eine Glatze bekomme!"

202.
Wie nennt man den Flur in einem Iglu?
Eisdiele.

203.
In der Notaufnahme. Arzt: „Was ist denn passiert?"
Meier: „Mein Hund hat mir ins Bein gebissen."
Arzt: „Haben Sie was drauf gemacht?"
Meier: „Nein, es hat ihm auch so geschmeckt."

204.
Der Arzt schimpft: "Warum haben Sie mir die Rechnung ungeöffnet zurückgeschickt?"
Patient: "Aber Herr Doktor, Sie waren es doch, der mir alle Aufregung verboten hat!"

205.
Kennst du den Witz, bei dem alle Dummen nein sagen?

206.
„Wenn ich ein Harry-Potter-Buch lese, bin ich immer total gefesselt!“ meint Didi.
Fragt sein Bruder: „Stört das nicht beim Umblättern?”

207.
Gast: „Herr Kellner, in dem Kirschkuchen sind ja gar keine Kirschen!”
Kellner: “Ja ist doch klar! In einem Hundekuchen sind ja auch keine Hunde!”

208.
Zwei Eisbären treffen sich in der Wüste.
Ein Eisbär zum anderen: „Mann, müssen die hier einen strengen Winter haben. Alles gestreut!”

209.
Zwei Luftballons fliegen über die Wüste. Auf einmal ruft einer: „Achtung Kaktus!”
Meint der andere: „Macht nichtssssssssssssssssssssss..!”

210.
Sitzen zwei Fliegen auf einem Hundehaufen. Sagt die eine zur anderen: „Soll ich Dir einen Witz erzählen?“
Sagt die andere: „Aber nur, wenn es kein ekliger Witz ist. Ich esse gerade!“

211.
Lehrerin: „Fritzchen, nenne mir drei Säugetiere!”
Fritzchen fängt an aufzuzählen: „Pferdchen, Eselchen, Schweinchen...”
Unterbricht ihn die Lehrerin: „Fritzchen. Gleich nochmal drei Säugetiere! Und bitte ohne dieses alberne ‘chen’ am Ende.”
Fritzchen: „Okay. Eichhörn, Kanin, Frett!”

212.
Wie viel Erde liegt in einem 50 cm tiefen und 40 cm breiten Loch?
Gar keine, sonst wäre es kein Loch.

213.
Wenn Hessen in Essen Essen essen, essen Hessen Essen in Essen.

214.
Ein Gefangener wird im Knast vom Pech verfolgt. Zuerst werden ihm die Mandeln entfernt. Danach quetscht er sich das Bein bei der Arbeit so schlimm, dass es amputiert werden muss. Dann kommen seine Zähne raus und zum Schluss der Blinddarm.
Als er in seine Zelle zurückkehrt droht ihm der Wärter mit dem Finger: „Jetzt ist aber Sense! Meinst du, ich bin blöd und merke nicht, dass du probierst, portionsweise auszubrechen?"

215.
Fritz findet einen Spiegel in der Mülltonne: „Also so ein hässliches Bild hätte ich auch weggeworfen!"

216.
Hanni geht um die Ecke, was fehlt?
Der Witz.

217.
Lehrerin: „Fritzchen, deine Rechtschreibung ist so schlecht."
Fritzchen antwortet: „Rechtschreibung gilt für mich nicht, ich bin Linkshänder."

218.
Lehrerin: „Was ist die Hälfte von 8?"
Fritzchen: „Halb 8?"

219.
Verhandlung im Gerichtssaal.
Richter zum ersten von drei angeklagten Männern: „Nun, was haben Sie angestellt?"
Erster Angeklagter: „Ich habe den Stein in den Kanal geworfen!"
Richter: „Das ist kein Delikt. Freispruch!"
Richter zum zweiten Angeklagten: „Und welche Straftat haben Sie begangen?"
Zweiter Angeklagter: „Ich habe dabei geholfen, den Stein in den Kanal zu werfen!"
Richter: „Das ist auch kein Verbrechen. Freispruch!"
Richter zum Dritten Angeklagten: „Und weshalb sind Sie nun angeklagt?"
Dritter Angeklagter: „Ich bin der Stein, Euer Ehren! Hubert Stein!"

220.
Was ist groß, grau und telefoniert?
Ein Telefant.

221.
Im Zoo trifft ein Elefant auf zwei Ameisen. Fragen die Ameisen: „Wollen wir kämpfen?"
Sagt der Elefant: „Zwei gegen einen ist unfair!"

222.
Was ist die Mehrzahl von Rettich?
Meerrettich.

223.
Beim Schulpsychologen.
Arzt: „Was denkst du, wenn du das Bild an der Tafel siehst?"
Schüler: „An einen Hund."
Arzt malt eine Pyramide an die Tafel.
Schüler: „Ich sehe einen Hund."
Arzt malt ein Rechteck an die Tafel.
Schüler: „Ich sehe einen Hund."
Arzt: „Musst du denn immer an Hunde denken?"
Schüler: „Na hören Sie mal! Wer malt denn hier die ganze Zeit Hunde an die Tafel?"

224.
Was essen Piraten besonders gerne?
Kapern.

225.
Wenn sich Wissenschaftler ein Brot belegen, ist es dann wissenschaftlich belegt?

226.
Ein Mann hat eine Autopanne. Das Pferd hinter dem Zaun sagt: „Es liegt am Vergaser!"
Entsetzt rast der Mann davon, findet eine Tankstelle und erzählt dort von seinem Erlebnis.
Der Tankwart fragt: „War das etwa drei Kilometer von hier?"
Der erschütterte Mann nickt.
„Und war das Pferd ein alter Schimmel mit gestutztem Schwanz?"
Der Mann nickt wieder.
Sagt der Tankwart: „Ach so, lassen Sie sich von dem Gaul nichts erzählen! Von Vergasern hat der keine Ahnung."

227.
Was heißt Rinderdiebstahl auf Englisch? Oxford.

228.
Fritzchen schreibt eine Postkarte an Oma:
„Liebe Oma ich schreibe ganz langsam, weil ich weiß, dass du nicht so schnell lesen kannst."

229.
Kommt ein Frosch in den Supermarkt. Fragt der Verkäufer: „Hallo, was darf's denn sein?"
Sagt der Frosch: „Quak."

230.
Oskar sitzt im Biologie-Unterricht. Da fragt der Lehrer: „Welches ist das schlaueste Tier?"
Oskar meldet sich und sagt: „Das ist natürlich der Kuckuck. Der kann schließlich seinen eigenen Namen sagen!"

231.
Der erste Schultag ist vorbei und die kleine Katharina kommt nach Hause. Da fragt die Mutter: „Na Katharina, hast du heute schon viel gelernt?"
Sie antwortet: „Ja, aber scheinbar noch nicht genug. Denn morgen muss ich wieder hin!"

232.
Matze kommt nach Hause. Sauber wie er ist, tritt er sich die Füße vor der Tür ab.
Im Haus fragt er seine Mutter: „Hast du einen neuen Fußabtreter gekauft?"
Mutter antwortet: „Nein, ich habe den Streuselkuchen zum Abkühlen vor die Tür gestellt.“

233.
Die Familie sitzt am Mittagstisch, da sagt die kleine Luisa: „Ich will Nudeln!"
Die Mutter entgegnet: „Wie lautet das Zauberwort mit zwei ‘t’?"
Darauf Luisa: „Flott!"

234.
Was zeigt die Waage, wenn man ein Pferd und einen Hund zusammen wiegt?
Einen Pfund.

235.
An einem eiskalten Wintertag sitzt ein Angler mit dicken Backen am See. Ein Spaziergänger kommt vorbei und fragt, ob er Zahnschmerzen hätte.
Angler: „Nein, aber irgendwie muss ich die Würmer ja auftauen."

236.
Schülerin zeigt auf den Bauch der schwangeren Lehrerin: „Was ist das?"
Lehrerin: „Das ist mein süßes Baby."
Schülerin: „Hast du es denn lieb?"
Lehrerin: „Ja, sehr sogar."
Schülerin: „Aha, und warum hast du es denn aufgegessen?"

237.
Im Zeltlager sagt Fabian zu Denise. „Ich bin sehr klug. Ich konnte schon mit 9 Monaten laufen"
Dazu Denise, „Das nennst du klug? Ich habe mich mit 4 Jahren noch tragen lassen."

238.
Herr Brömmel hat Besuch von einem alten Bekannten.
Plötzlich kommt Brömmels Hund ins Zimmer und sagt: „Kannst du mir bitte die Zeitung geben?"
Sein Freund kann es kaum glauben.
Brömmel ganz trocken: „Ach was, der alte Angeber kann doch gar nicht lesen! Der guckt sich immer bloß die Bilder an."

239.
Ein Nashorn trinkt in einer Bar einen Cocktail, bezahlt und will gehen.
Barkeeper: „Also, ein Nashorn hatten wir ja noch nie hier in der Bar."
Nashorn: „Bei diesen unverschämten Preisen war das garantiert auch das letzte Mal!"

240.
Beim Abendessen sagt Freddi: „Papa, gestern hat unser Lehrer Timo nach Hause geschickt."
„Wieso das denn?"
„Weil er seine Hausaufgaben nicht gemacht hatte."
„Und? Hat es was genützt?"
„Ja, heute hatten fünf weitere Schüler ihre Hausaufgaben nicht gemacht."

241.
Fahrkartenkontrolleur: „Ihre Fahrkarten, bitte!"
Fritzchen: „Kaufen Sie sich doch selbst eine!"

242.
Was ist der gefährlichste Tag für ein U-Boot?
Tag der offen Tür.

243.
Völlig außer Atem steigt ein Mann in ein Taxi. „Schnell! Bringen Sie mich zum Flughafen! Ich muss die 15-Uhr-Maschine nach Rom erwischen."
Da sagt der Taxifahrer: „Das werden Sie nicht schaffen. Das Flugzeug nach Rom ist immer pünktlich."
„Heute nicht", antwortet der Fahrgast „ich bin der Pilot!"

244.
Was sagte der Baumeister zu Baubeginn des Turms von Pisa?
Wird schon schiefgehen.

245.
Was sagt der hungrige Löwe, wenn er einen Ritter in einer Rüstung sieht?
„Oh nein, nicht schon wieder. Immer dieses Dosenfutter."

246.
„Herr Ober, jetzt bestelle ich schon zum sechsten Mal meine Suppe!", beschwert sich der Gast.
Der Ober: „Na das freut uns aber, dass es ihnen so gefällt."

247.
Eine Katze und eine Maus kommen in eine Bäckerei.
Sagt die Maus: „Ich möchte gerne ein Stück Pflaumenkuchen mit Sahne."
„Und Sie?", fragt die Verkäuferin die Katze.
„Ich möchte nur einen Klacks Sahne auf die Maus."

248.
Fritzchen sagt zu seiner Schüssel Wackelpudding:
„Du brauchst gar nicht so zu zittern, ich esse dich trotzdem."

249.
Am Abend vor ihrem Geburtstag liegt Katja im Bett und liest.
„Mach doch endlich das Licht aus!", mahnt die Mutter.
„Geht nicht, ich muss das Buch zu Ende lesen. Auf dem Umschlag steht 'Für Acht- bis Zehnjährige' und morgen werde ich schon elf."

250.
„Wenn du immer so unartig bist, Hanni, wirst du mal Kinder bekommen, die auch so unartig sind."
„Ah, Mutti, jetzt hast du dich aber verraten."

251.
Polizist: „Herzlichen Glückwunsch. Sie sind der hunderttausendste Autofahrer, der diese Brücke überquert hat und Sie bekommen 10.000 Euro! Was möchten Sie mit dem Geld anfangen?"
Fahrer: „Dann mach ich zuerst mal den Führerschein."
Frau: „Hören Sie nicht auf ihn, er ist total betrunken."
Schwerhöriger Opa: „Ich hab euch doch gesagt, dass wir mit diesem gestohlenen Auto nicht weit kommen."

252.
Paul sagt zu Michael: „Weißt du, was der Hammer ist?"
Michael: „Nein."
Paul: „Ein Werkzeug."

253.
Frau zu ihrem Mann: „Sag mal, musst du denn schon wieder Pizza essen?"
Mann: „Aber die Pizza hat mir doch der Arzt verschrieben!"
„Welcher Arzt?"
„Dr. Oetker!"

254.
Kundin in der Boutique: „Könnte ich das gestreifte Kleid im Schaufenster mal anprobieren?"
Verkäuferin: „Aber sicher, allerdings haben wir auch Kabinen!"

255.
Lehrerin fragt Susi:
„Wann ist die beste Zeit, um Kirschen zu ernten?"
Susi: „Wenn unsere Nachbarn im Urlaub sind!"

256.
„Sabine! Du kommst schon wieder zu spät zum Unterricht! Kannst du mir eine vernünftige Entschuldigung liefern?"
„Wieso Entschuldigung? Sie haben doch gestern selbst gesagt, dass es zum Lernen nie zu spät ist!"

257.
Welche Angst hat ein Luftballon?
Platzangst.

258.
Kommt ein Pferd in eine Kneipe. Fragt der Wirt: „Warum machst du denn so ein langes Gesicht?"

259.
Ein Mann ist ins Wasser gestürzt und kann nicht richtig schwimmen. Da kommt ein Boot vorbei und will ihm helfen. Der Mann lehnt ab: „Vielen Dank, aber der liebe Gott wird mir helfen."
Kommt ein anderes Boot vorbei und will ihm helfen, aber er sagt wieder: „Nein, der liebe Gott wird mir helfen."
Schlussendlich ertrinkt er. Im Himmel angekommen fragt er Gott: „Wieso hast du mir denn nicht geholfen?"
Da sagt Gott: „Du Idiot, ich habe dir doch 2 Boote geschickt!"

260.
Ein Mann hat ein Bewerbungsgespräch bei der deutschen Bahn und kommt 15 Minuten zu spät. Fragt der Personaler: „Wissen Sie, dass Sie 15 Minuten zu spät sind?"
Sagt der Mann: „Ja."
Personaler: „Haben Sie wenigstens eine gute Ausrede?"
„Nein."
Da ruft der Personaler begeistert: „Perfekt, Sie sind eingestellt!"

261.
Ein Mann geht im Einkaufszentrum in ein Geschäft. Er stellt sich an den Tresen und sagt „Guten Tag, ich bräuchte bitte eine neue Brille."
Darauf antwortet die Frau hinter dem Tresen: „Ja das stimmt. Sie sind hier nämlich beim Bäcker."

262.
Was ist braun und hüpft durch den Wald?
Brotkäppchen.

263.
Was passiert, wenn man Cola und Bier gleichzeitig trinkt?
Man colabiert!

264.
Fritzchen in der Buchhandlung: „Ich hätte gerne etwas zu lesen!"
„In welche Richtung soll es denn gehen?" fragt der Verkäufer.
„Von links nach rechts, bitte!"

265.
Kinokassiererin: „Das Kino ist bis auf den letzten Platz ausverkauft!"
Besucher: „Macht nichts, dann geben Sie mir eben den letzten."

266.
Treffen sich zwei Anwälte. Sagt der eine zum anderen: „Hallo, wie geht es dir?"
Antwortet der andere: „Schlecht. Ich kann nicht klagen."

267.
Unterhalten sich zwei Mütter. Sagt die eine: „Wissen Sie, mein kleiner Oskar sitzt bereits. Und das, obwohl er erst 6 Monate alt ist!"
Antwortet die andere: „Oh nein, die Jugend von heute! Was hat er denn angestellt?"

268.
Max: „War jemand von euch beim Fußballspiel?"
Simon: „Ja, ich war da."
Max: „Und, wie ist das Spiel ausgegangen?"
Simon: „Wie immer! Pünktlich mit dem Schlusspfiff."
Max: „Nein, ich wollte wissen, wie viele Tore es gegeben hat."
Simon: „Auch wie immer: An jeder Ecke des Spielfeldes eins."

269.
Lisa: „Papa, kannst du mit geschlossenen Augen schreiben?"
Papa: „Ja, ich denke, dass ich das kann."
Lisa: „Ok, dann mach' bitte mal die Augen zu und unterschreib' mein Zeugnis."

270.
Zwei Männer wollen ein sehr schweres Sofa in den 8. Stock eines Hochhauses schleppen. Der Fahrstuhl ist leider zu klein für so ein großes Sofa. Also nehmen die beiden die Treppen.
Oben angekommen sagt der eine zum anderen: „Du, ich habe eine gute und eine schlechte Nachricht. Die gute: Wir sind endlich im 8. Stock. Die schlechte: Wir sind im falschen Haus."

271.
Warum nimmt der Kapitän immer ein Messer mit aufs Schiff?
Damit er in See stechen kann.

272.
Meint die Lehrerin im Sachunterricht zum kleinen Max: „Nenne mir 5 Tiere, die in Afrika leben."
Max antwortet: „Drei Giraffen und zwei Löwen."

273.
Zwei Kinder laufen an einem ausgetrockneten See vorbei. Sagt das eine zum anderen: „Guck' mal, der See ist weg!"
Sagt das andere Kind: „Das war bestimmt ein Seeräuber!"

274.
Welches Gemüse ist besonders lustig?
Die Kichererbsen.

275.
Vater: „Fritzchen, zünde doch bitte den Weihnachtsbaum an!"
Nach einer Weile fragt Fritzchen: „Papa, die Kerzen auch?"

276.
Peter zu Nico: „Ich lese gerade, dass in New York alle 3 Minuten jemand überfallen wird."
Nico: „Der arme Kerl!"

277.
Was tragen Gummibären bei schlechtem Wetter?
Gummistiefel.

278.
„Na, dein Husten hört sich ja schon besser an!"
„Kein Wunder. Ich übe ja auch Tag und Nacht."

279.
Was fliegt in der Luft herum und macht mmus mmus?
Eine Biene im Rückwärtsgang!

280.
Nach der Schule kommt Lisa ganz fröhlich nach Hause. Da fragt die Mutter „Lisa, wieso freust du dich denn so?"
Lisa antwortet: „Na, weil unser Lehrer verreist ist und deshalb morgen die Schule ausfällt."
Die Mutter ist erschrocken und sagt: „Was? Das kann doch nicht wahr sein!"
Daraufhin antwortet Lisa: „Doch. Er hat gesagt: 'Das war's für heute. Morgen fahre ich fort.'"

281.
Welcher Fisch stört am meisten?
Der Stör.

282.
Wie nennt man einen Mann mit Klasse?
Lehrer.

283.
Brillenträger im Musikgeschäft: „Ich nehme die Trompete da und die Ziehharmonika dort drüben!"
Verkäufer: „Den Feuerlöscher können sie mitnehmen, aber die Heizung bleibt hier!"

284.
Zwei Fliegen krabbeln über einen Globus. Als sie sich zum dritten Mal begegnen, meint die eine zur anderen: „Wie klein die Welt doch ist..."

285.
Was hat vier Beine und kann fliegen?
Zwei Vögel.

286.
Zwei Omas gehen in ein chinesisches Restaurant. Da sagt die eine Oma zur anderen, als sie die Essstäbchen auf dem Tisch sieht: „Sag mal, muss man sich hier sein Essen selbst stricken?"

287.
Ein junger Autofahrer wird von der Polizei angehalten: „Führerschein, bitte!"
Der Junge: „Ich dachte, den gibt's erst ab achtzehn?"

288.
Kommt ein Reh zum Arzt und sagt: "Herr Doktor, Sie müssen mir helfen, ich habe Haarausfall."
Sagt der Arzt: "Da sind sie bei mir falsch. Sie müssen in eine Rehhaarklinik!"

289.
Sagt ein Kollege zum anderen: „Ich hab‘ eine Schlürfwunde."
„Du meinst wohl eine Schürfwunde."
„Nein, ich hab an meinem Kaffee geschlürft und mich verbrannt."

290.
Wie lautet der Vorname vom Reh?
Kartoffelpü.

291.
Was bestellt der Kannibale im Restaurant?
Den Kellner.

292.
Die junge Krankenschwester versucht einen Patienten aufzuwecken.
Fragt ein älterer Pfleger: „Was machen Sie denn da?"
Die Schwester: „Ich muss ihn unbedingt wach kriegen. Er hat vergessen, seine Schlaftabletten zu nehmen!"

293.
Kellner zum Gast: „Wünscht der Herr Weiß- oder Rotwein zum Menü?"
Gast: „Mir ist das völlig egal, ich bin farbenblind!"

294.
Krauses kämpfen beim Zelten ständig gegen Mücken. Als es Abend wird kommen Glühwürmchen angeflogen.
„Bloß weg!“ sagt Krause „Jetzt suchen uns die Biester schon mit der Taschenlampe!"

295.
Wieso stehen Flamingos auf einem Bein?
Weil sie sonst hinfallen würden.

296.
Kommt Häschen zum Metzger. “Haddu Eisbein?”
“Ja, ich hab’ Eisbein!”
“Muddu warme Socken anziehen.”

297.
Lehrer: „Wenn die großen Jungs mit Schneebällen nach euch werfen, dann dürft ihr nicht zurückwerfen, sondern ihr müsst mich rufen."
Schüler: „Meinen Sie wirklich, Sie könnten besser werfen?"

298.
„Ich bin total verzweifelt. Unser Dackel ist verschwunden!", berichtet Sabrina ihrer Freundin.
Darauf antwortet diese: „Gib doch eine Anzeige in der Zeitung auf!"
Doch Sabrina winkt ab: „Das bringt doch nichts. Unser Dackel kann nicht lesen!"

299.
Ein altes Mütterchen wird von einem Radfahrer angerempelt. Beide fallen hin. „Da haben sie aber Glück gehabt!" meint der Radfahrer, als er sich wieder aufrappelt. „Normalerweise fahre ich einen Lastwagen!"

300.
Was steht auf dem Grabstein eines Wanderers?
Er ist zu weit gegangen.

301.
Lehrerin: „Wenn ich sage, 'Ich bin schön gewesen.', dann spreche ich in der Vergangenheitsform. Wenn ich nun aber sage 'Ich bin schön.', was ist das?"
Da platzt es Basti heraus: „Eine glatte Lüge, Frau Lehrerin."

302.
Ein Kamel und eine Kuh wollen sich selbstständig machen.
Kamel: „Ich dachte mir, wir machen eine Milchbar auf."
Kuh: „Und wie stellst du dir das vor?"
Kamel: „Du sorgst für die Milch und ich für die Hocker!"

303.
Fragt der Lehrer die Klasse: „Wie viele Kontinente gibt es und wie heißen sie?"
Daraufhin meldet sich ein Schüler und antwortet: „Es gibt sieben Kontinente und ich heiße Lukas."

304.
Samuel, der sonst nur Ungesundes isst bekommt von seiner Mama einen Pfirsich in die Hand gedrückt: „Hier, iss lieber mal was gesundes!"
Samuel: „Gar nicht mal so schlecht, der Apfel schmeckt ja nach Eistee!"

305.
Was kommt bei 30 Schornsteinen plus 23 Schornsteinen plus 7 Schornsteinen raus?
Rauch.

306.
An der Grenze soll ein Mann seinen Papagei verzollen.
„Ein Papagei kostet lebendig 400 Euro, ausgestopft 40 Euro.“, erklärt ihm der Zollbeamte.
Der Papagei schaut sein Herrchen an und sagt: „Mensch, mach jetzt bloß keinen Blödsinn!”

307.
Meier: „Heute Nacht habe ich geträumt, dass ich einen riesigen Champignon essen würde.”
Kollege: „Na, und?”
Meier: „Als ich aufgewacht bin, war mein Kopfkissen verschwunden!”

308.
Was ist weiß und stört beim Essen?
Eine Lawine.

309.
Vater zu seinem Sohn: „Warum lässt du denn die Luft aus den Fahrradreifen raus?"
Sohn: „Mir ist der Sattel zu hoch."

310.
Klaus hat in der Straßenbahn seinen Hund dabei. Der Schaffner verlangt für das Tier den vollen Fahrpreis.
Klaus: „Dann soll mein Hund aber auch einen Sitzplatz haben!"
Schaffner: „Von mir aus! Aber die Füße darf er nicht auf den Sitz legen."

311.
Lehrer: „Erklär mir den Begriff 'Nichts'."
Schüler: „Nichts ist ein Luftballon ohne Hülle."

312.
Schüler: „Ich bin unschuldig."
Direktor: „Das sagen alle."
Schüler: „Da sehen Sie ja selbst. Wenn es alle sagen, dann muss da ja was dran sein."

313.
Vater zur Tochter: „Paula, dein Kindergeburtstag war so schön, sing uns doch noch was vor."
Tochter: „Aber die Gäste wollen doch schon gehen."
Vater: „Ja, aber leider noch nicht schnell genug!"

314.
Was ergibt sieben mal sieben?
Ganz feinen Sand.

315.
Ein Mann kauft einen Schäferhund.
Neuer Besitzer: „Mag der Hund auch kleine Kinder?"
Alter Besitzer: „Ja, aber es ist billiger, wenn Sie ihm Hundekuchen kaufen."

316.
Sportlehrer in der ersten Schwimmstunde: „Schwimmen macht nicht nur Spaß, sondern hält auch schlank!"
Fritzchen: „Und was machen Blauwale dann falsch?"

317.
Geht Fritz zum Doktor:
„Wenn ich auf meinen Bauch drücke, tut's weh. Wenn ich auf meinen Fuß drücke, tut's weh und wenn ich auf meinen Kopf drücke, tut's auch weh. Was fehlt mir denn?"
„Klarer Fall. Dein Zeigefinger ist gebrochen."

318.
Wie heißt ein Matrose, der sich nie wäscht?
Meerschweinchen.

319.
Fritzchen sitzt in der ersten Stunde im Unterricht. Sagt sein Lehrer: „Jeden Montag stelle ich euch eine Frage und wer sie richtig beantwortet, bekommt den Rest des Schultags frei."
Am Montag fragt er also: „Wie viele Sandkörner hat die Sahara?" Niemand weiß es.
Am nächsten Montag fragt er „Wie viele Liter hat das Mittelmeer?" Niemand weiß es.
Am darauffolgenden Montag legt Fritzchen vor dem Unterricht schnell seinen Schuh auf das Lehrerpult. Der Lehrer kommt ins Klassenzimmer und fragt wütend: „Wer hat seinen Schuh auf meinen Tisch gelegt?"
Fritzchen ruft: „Ich war's! Tschüss und bis morgen!"

320.
Meier geht zu dem Mieter, der die Wohnung unter ihm hat, und sagt: „Ich will meinen Flur tapezieren – wie viele Rollen Tapete haben Sie denn damals für Ihren gekauft?”
„Sieben“.
Herr Meier bedankt sich, und geht wieder. Eine Woche später kommt er erneut: „Was haben Sie denn da erzählt? Ich habe fünf Rollen übrigbehalten!”
„Ja, das war bei mir damals genauso...”

321.
Sagt der verzweifelte Mathelehrer im Unterricht: „Die Klasse ist so schlecht in Mathe. Ich bin mir sicher, dass 80% bei der Klassenarbeit durchfallen werden.”
Sagt ein Schüler: „Aber Herr Lehrer, so viele sind wir doch gar nicht!”

322.
Elektriker vor der Wohnungstür: „Unverschämtheit! Bestellen einen her, um die Klingel zu reparieren, und dann macht keiner auf, wenn man schellt!”

323.
Lehrer: “Kevin, was ist die Mehrzahl von Baum?”
Kevin: “Wald.”

324.
Kassierer im Kino: „Mein Herr, das ist nun schon die siebte Eintrittskarte, die Sie innerhalb einer Stunde kaufen."
Herr: „Was soll ich denn machen? Am Eingang steht ein Kerl, der sie mir jedes Mal zerreißt!"

325.
Zwei Vogelzüchter unterhalten sich.
„Mir ist eine tolle Sache gelungen. Ich habe einen Specht mit einer Brieftaube gekreuzt.", berichtet der eine stolz.
„Und was ist dabei herausgekommen?"
„Eine Taube, die anklopft, wenn sie die Briefe bringt."

326.
Was liegt am Strand und redet undeutlich?
Eine Nuschel.

327.
Wie heißt ein Ritter ohne Rüstung?
Wilhelm.

328.
Lehrerin: „Paul, was hast du da im Mund?"
„Kaugummi."
„Sofort in den Mülleimer!"
„Der Kaugummi auch?"

329.
Berühmte letzte Worte eines Fallschirmspringers: Diese verdammten Motten!

330.
Was macht Robin Hood mit gestohlenem Deo?
Er verteilt es unter den Armen.

331.
Lehrer: "Jan, du bist schon wieder zu spät im Unterricht. Warum?"
Jan: "Ja, weil ich..."
Lehrer: "Ich will die Ausreden nicht mehr hören!"
Jan: "Warum fragen Sie denn dann?"

332.
Was macht ein Storch, wenn er auf einem Bein steht?
Er überlegt sich den nächsten Schritt!

333.
Weltreisender: „... und als der Löwe hinter mir her war, rettete ich mich in letzter Sekunde auf einen Baum!"
Zuhörer: „Aber in der Wüste gibt es doch keine Bäume."
Weltreisender: „Das war mir in dem Moment dann auch egal!"

334.
„Mami stimmt es, dass alle toten Menschen zu Staub zergehen?"
„Ja, natürlich."
„Dann ist unter meinem Bett einer gestorben."

335.
Zwei Männer an der Theke schwelgen in ihren Jugenderinnerungen. "Ich war mal ein toller Hecht. Die Frauen liefen mir scharenweise nach."
"Und wann hörte das auf?"
"Als ich anfing keine Handtaschen mehr zu klauen."

336.
Ein Ingenieur ist seit langer Zeit arbeitslos und beschließt nun eine medizinische Praxis zu eröffnen. Er hängt ein Schild an die Eingangstür mit folgender Aufschrift:
'Für 500 Euro garantiere ich Ihnen, Ihre Krankheit zu heilen. Falls es mir nicht gelingen sollte, bekommen Sie 1000 Euro.'
Ein studierter Arzt denkt sich, dass es leichtes sei, hier 1000 Euro zu verdienen und besucht deshalb die neu eröffnete Praxis.
Arzt: „Ich habe meinen Geschmackssinn verloren."
Ingenieur: „Schwester, bringen Sie mir bitte die Medizin aus der Schachtel mit der Aufschrift '22' und verabreichen Sie unserem Patienten 3 Tropfen davon."
Die Schwester befolgt die Anweisung.
Arzt: „Pfui, das ist ja Benzin!"
Ingenieur: „Herzlichen Glückwunsch Sie haben Ihren Geschmackssinn zurück. Das macht dann 500 Euro."
Der Arzt ist verärgert, bezahlt die 500 Euro und verlässt die Praxis. Nach ein paar Tagen kommt er wieder.
Arzt: „Ich habe mein Gedächnis verloren. Ich kann mich an nichts mehr erinnern."
Ingenieur: „Schwester, bringen Sie mir bitte die Medizin aus der Schachtel mit der Aufschrift '22' und verabreichen Sie unserem Patienten 3 Tropfen davon."
Arzt: „22? Das ist doch Benzin!"
Ingenieur: „Herzlichen Glückwunsch! Sie haben Ihr Gedächnis wiedererlangt. Das macht dann 500 Euro."
Der Arzt bezahlt zähneknirschend und verlässt die Praxis.
Ein paar Tage später kommt er wieder, fest entschlossen, sein verlorenes Geld zurückzubekommen.
Arzt: „Meine Sehkraft hat stark nachgelassen. Ich erkenne nur noch Umrisse!"
Ingenieur: „Nun, dafür habe ich leider kein geeignetes Medikament. Sie bekommen deshalb, wie versprochen die 1000 Euro."
Er reicht ihm zwei 5-Euro-Scheine.
Arzt: „Moment, das sind doch nur 10 Euro!"
Igenieur: „Herzlichen Glückwunsch! Sie haben Ihr Sehvermögen wieder. Das macht dann 500 Euro."

337.

Ein Geistlicher will sich im Wilden Westen ein Pferd kaufen.
Händler: „Kaufen Sie diesen Rappen. Er rennt bei 'Gott sei Dank' los und bleibt bei 'Amen' stehen."
Der Geistliche kauft das fromme Tier und reitet los. Nach einiger Zeit galoppiert das Pferd auf eine Schlucht zu. Der Geistliche betet verzweifelt ein Vaterunser und bei dem Amen bleibt das Pferd kurz vor der Schlucht stehen.
Geistlicher: „Puh, Gott sei Dank!"

338.

Ein Polizist steht an der Straße und hat einen weißen und einen schwarzen Stiefel an. Kommt eine Funkstreife und hält an. „Genosse!", sagt der Fahrer, „Warum trägst du einen weißen und einen schwarzen Stiefel? Geh nach Hause und kleide dich richtig!"
Antwortet der Polizist: „Das kann ich nicht, da steht auch bloß ein weißer und ein schwarzer Stiefel."

339.

Herr Meier erzählt seinem Kollegen auf der Arbeit: „Glaubst du mir das? Mein Nachbar hat es sich tatsächlich erlaubt, noch um 3 Uhr nachts bei uns zu klingeln.
Kollege: „Das ist ja 'ne Frechheit!"
Meier: „Aber echt! Mir wäre vor Schreck fast die Bohrmaschine runtergefallen.

340.
Welcher Tag ist für U-Bootfahrer am schlimmsten?
Der Tag der offenen Tür!

341.
Lehrer: „Roland! Wie kommt es, dass dein Aufsatz über eure Katze identisch mit dem deines Bruders ist?"
Schüler: „Ganz einfach, Herr Lehrer, wir haben nur eine Katze zu Hause."

342.
Warum summen Bienen?
Weil sie den Text nicht kennen.

343.
Lehrerin zur Klasse: „Was ist weiter weg von uns? Die Sonne oder Paris?"
Daniel: „Eindeutig Paris."
Lehrerin: „Aber Daniel, wie kommst du denn darauf?"
Daniel: „Schauen Sie doch einfach mal aus dem Fenster, können Sie da Paris sehen?"

344.
Lehrer: „Tim, kommen Sie sofort an die Tafel!"
Schüler: „Herr Lehrer, Tim fehlt heute."
Lehrer: „Ruhe! Tim soll gefälligst selbst antworten."

345.
Fragt der Lehrer die Klasse: „Stellt euch vor, dass ihr vier Knöpfe in der Hosentasche habt und zwei fallen raus. Was habt ihr dann in der Hosentasche?"
Meldet sich eine Schülerin und antwortet: „Ein Loch!"

346.
Warum sind Gespenster so schlechte Lügner?
Weil man sie so leicht durchschauen kann.

347.
Tanja muss im ICE auf dem Boden sitzen, weil es keine Sitzplätze gibt. Genervt sagt sie zu Ihrem Ehemann: „Also, als du meintest wir werden unseren Urlaub in vollen Zügen genießen, hab ich mir das anders vorgestellt..."

348.
Der kleine Jan fragt seinen Vater aus: „Papa, wo liegt England?"
„Weiß nicht"
„Papa, woraus bestehen Schneeflocken?"
„Weiß nicht."
„Papa, warum müssen Kinder in die Schule?"
„Keine Ahnung."
„Papa, stört es dich, wenn ich immer frage?"
„Nein, frag nur, sonst lernst du ja nie was."

349.
Wie oft kann man die 1 von der 20 abziehen?
Nur einmal, danach ist es die 19.

350.
Eine alte Dame hebt am Bankschalter ihr ganzes Geld ab. Nach zehn Minuten kommt sie wieder und zahlt alles wieder ein.
„Warum haben Sie denn das Geld überhaupt abgehoben?" will der Kassierer wissen.
„Na was!", schimpft die alte Dame: „Man wird doch schließlich nochmal nachzählen dürfen!"

351.
Die liebe Oma ist zu Besuch. Beim gemeinsamen Essen am Tisch schüttelt sie den Kopf und tadelt ihre Enkelin: „Julia, wie kann man nur mit vollem Mund reden?"
Julia antwortet: „Alles Übungssache, Oma!"

352.
Ein Junge, der gerade mit der Schulausbildung fertig ist, bewirbt sich um eine Lehrstelle.
Meister: „Gut, du kannst in meinem Betrieb anfangen. Zu Anfang bekommst du 700 Euro und nach einem halben Jahr dann 900 Euro."
Junge: „Super, dann komme ich in einem halben Jahr wieder."

353.
Der Vater will zusammen mit seinem Sohn schauen, ob sein Auto noch funktioniert. „Tommy, schau mal, ob der Blinker funktioniert."
„Ja. Warte, nein. Doch jetzt wieder. Nein. Ja. Nein. Ja. Nein."

354.
Wo wohnen Katzen?
Im Miezhaus.

355.
Warum können Bienen so gut rechnen?
Weil sie sich den ganzen Tag mit Summen beschäftigen.

356.
Mutter: „Was machst du da klein Eva?"
Eva: „Ich wasche meine Haare Mama."
Mutter: „Aber die sind doch ganz trocken Kind!"
Eva: „Auf dem Shampoo steht ja auch 'Für trockenes Haar'."

357.
Unterhalten sich zwei Männer. Sagt der eine: „Ich finde alle Menschen sollten bei offenem Fenster schlafen!"
Fragt sein Gegenüber: „Wieso? Sind Sie etwa Arzt?"
Antwortet der andere: „Nein, Einbrecher!"

358.
Treffen sich zwei Kerzen. Sagt die eine Kerze zur anderen: „Gehen wir heute aus?"

359.
Geht ein Mann mit einem Frosch auf dem Kopf zum Arzt.
Fragt der Arzt: „Wie kann ich Ihnen helfen?"
Sagt der Frosch: „Ich glaub', ich bin da in was reingetreten."

360.
Was macht ein Clown im Büro?
Faxen.

361.
Karl: „Würden Sie mir bitte eine neue Klingel anbringen?"
Fahrrad-Mechaniker: „Gern! Aber die Bremsen sind auch nicht in Ordnung!"
Karl: „Weiß ich! Deshalb brauche ich ja die neue Klingel!"

362.
Welche Vögel hören schlecht?
Die Tauben.

363.
„Dein Bruder ist ja ganz schön klein.“, sagt Tim zu Maria.
„Kein Wunder.“, sagt sie. „Er ist ja auch mein Halbbruder.”

364.
Der Richter: „Wie konnte es passieren, dass Sie einen Mann bei der Jagd angeschossen haben, obwohl er doch mehrmals ‘Ich bin kein Elch!’ geschrien hat?”
„Es tut mir ja leid! Ich hatte ihn nicht richtig gehört und dachte er sagte: ‘Ich bin ein Elch.’”

365.
Fragt die Lehrerin Fritzchen: „Wo ist denn dein Pausenbrot?“
„Mein Bruder hat es heute Morgen mitgenommen!“
„War das mit Absicht?”
„Nein, mit Käse!”

366.
Ich habe beim Bäcker angerufen, aber da war nur die Mehlbox dran!

367.
Herr Bollmann hat auf seinem Kopf nur noch drei Haare und geht damit zum Friseur.
Friseur: „Wie hätten Sie es denn gerne, der Herr?"
Bollmann: „Den Scheitel links, bitte!"
Der Friseur legt ein Haar nach links und zwei nach rechts. Dabei fällt leider ein Haar aus.
Friseur: „Das tut mir aber leid! Was soll ich jetzt machen?"
Bollmann: „Machen Sie einen Mittelscheitel!"
Leider fällt dabei ein weiteres Haar aus.
Verzweifelter Friseur: „Und nun, mein Herr?"
Bollmann: „Schon gut! Dieser wilde Look gefällt mir irgendwie."

368.
Im Restaurant sagt der Gast zum Kellner: „Herr Kellner, ich möchte bitte zahlen!"
Daraufhin der Kellner: „Kein Problem – drei, fünf, neun, vierzehn, zwanzig..."

369.
Fritzchen hat beim Essen mal wieder den ganzen Tisch vollgekleckert.
Vater: „Du bist ein richtiges Ferkel, Fritzchen. Du weißt doch, was ein Ferkel ist?"
Fritzchen: „Na klar, das Kind vom Schwein."

370.
Zwei Mäuse gehen über die Straße. Da fliegt eine Fledermaus vorbei. Sagt die eine Maus: „Wenn ich groß bin, will ich auch mal Pilot werden."

371.
Der Verkäufer: „Diesen Mantel können Sie zu jeder Jahreszeit tragen."
„Ist der nicht zu warm im Sommer?"
„Aber nein, da tragen Sie ihn einfach über dem Arm."

372.
Lara sitzt am Montagmorgen im Schulunterricht. Sie meldet sich und fragt ihren Lehrer: „Herr Meier, kann man eigentlich für etwas bestraft werden, was man nicht gemacht hat?"
Der Lehrer antwortet: „Lara, natürlich nicht! Das wäre ja ungerecht."
Darauf sagt sie erleichtert: „Das ist ja prima! Ich habe nämlich meine Hausaufgaben nicht gemacht!"

373.
Was sagt man über einen Bademeister, nachdem er in Rente geht?
Er hatte ein chlorreiche Karriere.

374.
Sarah zum Papa: „Ich wünsche mir als Geschenk ein Pony zu Weihnachten."
Papa: „Ja, sicher, geht in Ordnung."
Sarah: „Wirklich? Du bist der beste Papa!"
Papa am Heiligabend: „So Sarah, dein Friseurtermin steht!"

375.
Ein Elefant und eine Maus gehen gemeinsam ins Schwimmbad. Plötzlich sagt der Elefant erschrocken: „Oh nein, ich habe meine Badehose zuhause vergessen!"
Da antwortet die Maus: „Kein Problem! Ich habe zwei dabei."

376.
Der Bewohner einer Wohnung im 5. Stock entdeckt im Blumenkasten auf seinem Balkon eine Schnecke. Er schmeißt sie vom Balkon auf die Straße. Nach 2 Jahren klingelt es an der Tür. Er macht die Tür auf. Da steht die Schnecke und sagt: „Ey, was war denn das für 'ne Aktion von dir?"

377.
Was sagt ein Pirat, wenn er trockenes Gras sieht?
Ah, Heu!

378.
Ein Mann kommt mit einem Dackel und einem Schäferhund zu einem Vorstellungsgespräch zum großen Zirkusdirektor. Der Schäferhund reißt einen Witz nach dem anderen.
„Das ist ja toll, so einen Schäferhund habe ich noch nie gesehen!“ meint der Zirkusdirektor.
„Ach was, der Schäferhund kann überhaupt nichts – der Dackel ist Bauchredner.”

379.
Der Mittelstürmer humpelt vom Fußballplatz.
Besorgt kommt ihm der Trainer entgegen und fragt: „Schlimm verletzt?”
Der Mittelstürmer: „Nein, mein Bein ist nur eingeschlafen!”

380.
Die Mutter tadelt ihren Sohn: „Anstatt hier vor dem Fernseher zu hocken, solltest du lieber Papa bei deinen Schularbeiten helfen!”

381.
Was ist der Unterschied zwischen Lottospielern und Zahnärzten?
Der Zahnarzt gewinnt bei jeder Ziehung.

382.
Sitzen zwei Katzen vorm Vogelkäfig. „Ich glaube den Kanarienvogel verspeise ich gleich“, sagt die eine Katze.
Meint die andere: „Das ist doch kein Kanarienvogel! Der ist doch grün und nicht gelb.”
Daraufhin die erste Katze: „Ja, aber nur weil er noch nicht ganz reif ist.”

383.
Die Känguru-Mutter hüpft durch die Steppe und muss sich dabei die ganze Zeit am Bauch kratzen. Genervt bleibt Sie stehen und fährt ihr Kind an: „Ich habe dir schon tausendmal gesagt, du sollst kein Zwieback im Beutel essen!”

384.
Nach dem Haare schneiden zeigt der Friseur Jonas das Ergebnis im Spiegel.
„Gefällt dir das so?“, fragt der Friseur.
Jonas antwortet: „Hinten kann es ruhig noch etwas länger werden.”

385.
Wie fängt man einen Hasen?
Man legt sich in den Garten und macht das Geräusch einer leckeren Möhre nach.

386.
Ein altes Ehepaar geht in einen Schnellimbiss, wo sich beide einen Hamburger und eine Portion Pommes gerecht aufteilen. Ein LKW-Fahrer hat Mitleid mit ihnen und bietet an, der Frau eine eigene Mahlzeit zu spendieren. „Nein, danke“, sagt der Ehemann. „Wir teilen alles.”
Der LKW-Fahrer wartet etwas und sieht, dass die Frau immer noch nichts gegessen hat. Er bietet dem Ehepaar erneut eine Mahlzeit an. Daraufhin der Ehemann wieder: „Nein, wir teilen alles!”
„Und warum essen Sie dann noch nicht?“, fragt der Lkw-Fahrer die Frau. Darauf sie genervt: „Weil ich noch auf die Zähne warte!”

387.
Ein Schauspieler sitzt während eines Langstreckenfluges neben einem Rechtsanwalt. Er will unbedingt seinen Schönheitsschlaf halten, doch der Rechtsanwalt hält ihn vom Schlafen ab. „Lassen Sie uns ein Spiel mit Fragen zum Allgemeinwissen spielen!“, schlägt er vor.
Der Schauspieler ignoriert ihn. Daraufhin der Anwalt: „Ok, wir machen es ein bisschen interessanter. Wenn ich eine falsche Antwort gebe, zahle ich Ihnen 500 Euro. Antworten Sie falsch, schulden Sie mir 50 Euro.”
Er ist einverstanden. Der Anwalt fängt an. „Wie groß ist die Entfernung zwischen Erde und Mond?”
Der Schauspieler gibt dem Rechtsanwalt 50 Euro. Dann ist er dran: „Was geht den Berg auf drei Beinen hoch und kommt auf vier Beinen runter?”
Der Rechtsanwalt hat nicht die leiseste Ahnung. Er grübelt wie verrückt, er sucht im Internet und blättert durch seine Taschenenzyklopädie. Ohne Erfolg. Stunden später weckt er den Schauspieler, gibt ihm 500 Euro und fragt: „Also, was ist es?”
Ohne ein Wort gibt der Schauspieler ihm 50 Euro, dreht sich um und schläft weiter.

388.
Lehrerin zur Klasse: „Jeder der denkt, er sei doof, steht bitte auf."
Fritzchen steht als einziger auf.
Lehrerin: „Fritzchen, warum bist du aufgestanden. Denkst du, du bist blöd?"
Fritzchen: „Nein, aber ich konnte es nicht ertragen, Sie dort alleine stehen zu sehen."

389.
Ein Junge schaut einer Schnecke zu. Nach einer Weile sagt er zur ihr: „Du bist aber langsam!"
Darauf die Schnecke: „Ich will mal sehen, wie schnell du bist, wenn du dein Haus trägst!"

390.
Was wird in der Pfanne gebraten und hat Stoppeln?
Bartkartoffeln.

391.
Was ist rot und sitzt auf der Toilette?
Eine Klomate.

392.
Der kleine Nico läuft auf dem Markt umher. Auf einmal läuft er an einem Stand vorbei, an dem ein Mann ihn anschaut und schreit: „Heiße Würstchen, heiße Würstchen!"
Nico: „Angenehm, ich heiße Nico."

393.
Was macht Robin Hood mit gestohlenem Deo?
Er verteilt es unter den Armen.

394.
Was ist der Unterschied zwischen einem Chemiker und einer Hebamme?
Der Wissenschaftler sagt H2O, die Hebamme sagt: „Oha, 2!"

395.
Was ist das schlimmste, was dir beim Apfel essen passieren kann?
Du beißt in den Apfel und es ist ein Wurm drin.
Und was ist noch schlimmer?
Du beißt in den Apfel und es ist ein halber Wurm drin.

396.
Sagt der eine Vater zum anderen: „Unser Sohn wird Freitag getauft!"
Entgegnet der andere: „Freitag? Das ist aber ein ungewöhnlicher Name..."

397.
Was sagt eine Schnecke auf dem Rücken einer Schildkröte?
„Hey – nicht so schnell!"

398.
Fremder: „Wie komme ich hier denn am schnellsten zum Krankenhaus?"
Taxifahrer: „Ja, wenn Sie mich so fragen: Am besten machen Sie die Augen zu und gehen über die Hauptstraße, ohne sich um die Huperei zu kümmern. Dann werden Sie gleich mit Blaulicht hingefahren."

399.
Klein Max steht weinend am Gehweg. Da findet ihn ein Mann und fragt:
„Warum weinst du denn?"
„Mein Hund ist weg und ich kann nicht nach Hause."
„Ich begleite dich und wir telefonieren mal in der Nachbarschaft herum, damit wir ihn finden. Wo wohnst du denn?"
„Das weiß nur mein Hund."

400.
Treffen sich ein Hans, Franz und Fritz auf dem Eiffelturm. Sie wetten untereinander: Man muss seine Uhr hinunterwerfen, herunterrennen und unten wieder auffangen. Hans fängt an: er wirft die Uhr herunter, aber kommt nicht weit. Nur drei Stufen.
Dann ist Franz dran. Bei ihm geschieht das gleiche wie bei Hans. Dann ist Fritz an der Reihe. Er lässt die Uhr fallen, geht gemütlich hinterher, geht einen Kaffee trinken und fängt sie auf. Die anderen fragen ganz überrascht: "Wie hast du das gemacht?"
Fritz: „Ich habe die Uhr einfach eine Stunde zurückgestellt!"

401.
Reizende alte Dame bei ihrer ersten Seereise.
Steward: „Sind Sie zufrieden?"
Alte Dame: „Es ist alles wunderbar!", erklärt sie begeistert und zeigt auf das Bullauge.
„Vor allem der Wandschrank, was da alles reingeht!"

402.
Was machen Schafe, die Streit miteinander haben?
Sie kriegen sich in die Wolle.

403.
Wovon träumen Katzen?
Vom Muskelkater.

404.
Maxi trifft seinen Freund Noah auf der Straße. „Hallo Noah, wie heißt eigentlich dein neuer Hund?"
Noah antwortet: „Keine Ahnung, er will es mir nicht sagen."

405.
Der Chef im Herrenbekleidungsgeschäft will seinen neuen Starverkäufer testen und holt die ältesten Ladenhüter aus dem Lager. Am Abend ist wirklich alles verkauft.
Chef: „Ist auch der total verschnittene Anzug mit den verschiedenfarbigen Ärmeln verkauft?"
Verkäufer: „Logisch!"
Chef: „Hatte der Kunde denn nichts daran auszusetzen?"
Verkäufer: „Nein, gar nichts! Nur zahlen wollte er nicht."

406.
Egal, wie neu deine Torwarthandschuhe sind, Manuels sind neuer.

407.
„Herr Doktor, immer wenn ich Kaffee trinke, spüre ich ein Stechen in meinem linken Auge."
„Haben Sie schon mal probiert, den Kaffeelöffel aus der Tasse zu nehmen?"

408.
Treffen sich zwei Schafe auf der Wiese.
Sagt das erste: „Mäh".
Darauf das zweite: „Mäh doch selber!"

409.
Sven steht auf dem Pausenplatz und isst Apfelkerne. Da kommt Paul dazu und fragt erstaunt: „Was machst du denn da?"
Sven erklärt: „Ich esse Apfelkerne! Das macht schlau."
„Ach ja?", entgegnet Paul erstaunt.
„Ja", strahlt Sven. „Willst du welche? Für fünf Euro kannst du fünf Stück haben."
Paul bezahlt und schiebt sich einen ersten Kern in den Mund. Er kaut eine Weile darauf herum, dann sagt er: „Moment mal, du hast mich betrogen! Für fünf Euro hätte ich mir ja fünf Äpfel kaufen können!"
Sven entgegnet grinsend: „Siehst du? Es wirkt schon!"

410.
Fragt die Biologielehrerin die Klasse: „Wer von euch weiß, warum die Zugvögel im Herbst und Winter in den Süden fliegen?"
Da antwortet Lisa: „Na das ist doch klar! Weil es zu Fuß viel zu weit wäre!"

411.
Steht ein Pferd am Geldautomaten. Da fliegt eine Kuh vorbei. Sagt das Pferd: „Sachen gibt's!"

412.
Was macht ein Pirat mit einem Computer?
Die Enter-Taste drücken.

413.
Der junge Max ist kein guter Autofahrer und hat mit seinem Auto gerade ein anderes Fahrzeug gerammt.
Brüllt der andere Fahrer: „Sag mal geht's noch? Hast du überhaupt eine Fahrprüfung gemacht?"
Daraufhin Max beleidigt: „Ja, und zwar bestimmt öfter als Sie!"

414.
Max hat am Nachmittag die ganze Torte aufgegessen.
„Hast du denn gar nicht an deine Schwester gedacht?“, schimpft Mama.
„Doch, darum habe ich mich ja so sehr beeilt!”

415.
Ein Mann und ein Hund spielen im Park Schach.
Passant: „Sie haben aber einen klugen Hund!”
Mann: „Wieso? Der verliert doch dauernd.”

416.
Was ist das Gegenteil von analog?
Anna sagte die Wahrheit.

417.
Ein Mann rennt völlig außer Atem zum Bootssteg, wirft seinen Koffer auf das drei Meter entfernte Boot, springt hinterher, zieht sich mit letzter Kraft über die Reling und schnauft erleichtert: „Geschafft!”
Einer der Seeleute: „Gar nicht mal so schlecht, aber warum haben Sie eigentlich nicht gewartet, bis wir anlegen?”

418.
Lehrer: „Peter, ich möchte gerne mit deinem Opa sprechen. Bring ihn morgen in die Schule."
Peter: „Sie meinen wohl meinen Vater?"
Lehrer: „Nein. Ich möchte, dass dein Opa sieht, wie viele Fehler sein Sohn macht, wenn er deine Hausaufgaben erledigt."

419.
Frau Huber zu ihrem Mann: „Deine Füße gucken ja unter der Bettdecke raus."
Huber: „Das weiß ich!"
Frau Huber: „Sind sie denn nicht kalt?"
Huber: „Doch, und wie!"
Frau Huber: „Warum steckst du sie dann nicht unter die Decke?"
Huber: „Ich will die kalten Dinger doch nicht in meinem Bett haben!"

420.
Was ist gesund und kräftig und spielt den Beleidigten?
Ein Schmollkornbrot.

421.
Zwei Pilze im Wald. Fragt der eine: „Wie geht's?"
Sagt der andere: „Klappe, Pilze können nicht reden!"

422.
Zuschauer während der Theaterpause: „Warum telefonieren die Schauspieler in diesem Stück eigentlich pausenlos?"
Wird ihm erklärt: „Die Souffleuse hat Grippe und arbeitet vom Bett aus."

423.
Fritz ist bei Oma. Er mag die Suppe nicht und will nicht mehr weiteressen.
Die Oma: „Iss jetzt, sonst hole ich den bösen Wolf!"
Fritz: „Der würde die auch nicht fressen!"

424.
Ein LKW-Fahrer macht in einer Raststätte Pause. Kommen zwei Rocker in Motorradkluft rein. Die zwei suchen Streit und ziehen dem LKW-Fahrer die Serviette durch die Suppe, beschmieren seine Haare mit Senf, stülpen ihm den Zuckernapf über den Kopf und bekleckern sein Hemd mit Ketchup. Der LKW-Fahrer steht schweigend auf, zahlt seine Rechnung und verlässt ungerührt das Lokal.
Fragen die Rocker total verstört den Kellner: „Was war das denn für ein Typ?"
Kellner: „Wirklich ein seltener Idiot! Und Auto fahren kann er auch nicht! Eben hat er zwei Motorräder beim Rückwärtssetzen zu Schrott gefahren!"

425.
Ein Mann läuft mit einem Pinguin auf dem Arm durch die Stadt.
Passant: „Wo haben Sie den denn her?"
Mann: „Ist mir so zugelaufen! Was meinen Sie soll ich mit ihm machen?"
Passant: „Gehen Sie doch mit ihm in den Zoo!"
Nach ein paar Stunden treffen sich die drei wieder.
Passant: „Aber ich sagte ihnen doch, gehen Sie mit ihm in den Zoo!"
Mann: „Waren wir ja, jetzt gehen wir ins Kino."

426.
Kommt ein Skelett in die Bar und sagt: „Eine große Cola und einen Wischmopp, bitte."

427.
Um Mitternacht klettern zwei Skelette auf dem Friedhof aus ihren Gräbern und gehen zu zwei abgestellten Motorrädern.
Plötzlich meint das eine Skelett: „Einen Moment, ich hab' was vergessen!"
Es kommt mit seinem Grabstein auf dem Rücken zurück.
Anderes Skelett: „Bist du übergeschnappt? Was soll denn das?"
Erstes Skelett: „Ich bin doch nicht blöd und fahre ohne Papiere!"

428.
Ein Anruf im Hotel. Ein Mann fragt am Telefon: „Was kostet bei Ihnen ein Einzelzimmer?"
„Das kommt auf die Lage an."
„Also, ich schlafe meistens auf dem Rücken."

429.
Warum leiht sich Fritzchen nur von Pessimisten Geld?
Sie erwarten es nicht zurück.

430.
Was trinken Chefs?
Leitungswasser.

431.
Ein Hund trifft seinen Kumpel in der Stadt. Der kommt schwer beladen mit Einkaufstaschen daher. „Meine Güte, was schleppst du denn da alles?"
Knurrt der andere: „Es begann alles damit, dass ich ab und zu die Zeitung holte..."

432.
Die Lehrerin nimmt die Sinnesorgane durch:
„Wer sieht besser als der Mensch?“, fragt sie. „Der Adler.”
„Wer hört besser als der Mensch?“ – „Die Eule.”
„Und wer riecht besser als der Mensch?“ – „Die Rose.”

433.
Fritzchen bestellt sich eine Pizza. Fragt der Pizzabäcker: „Soll ich sie dir in sechs oder in acht Stücke schneiden?”
Daraufhin Fritzchen: „Bitte in sechs, acht schaffe ich niemals.”

434.
Sabine: „Frau Doktor, ich höre immer Stimmen, sehe aber niemanden.”
Ärztin: „Wann passiert das denn?”
Sabine: „Immer wenn ich telefoniere.”

435.
Bernd auf der Arbeit: „Ich hab jetzt schon tagelang nicht mehr geschlafen”
Kollege: „Bist du da nicht total am Ende?”
Bernd: „Nein, nachts schlaf ich ja gut.”

436.
Opa erzählt von früher. „Als ich damals im Wald war, wurde ich von 12 Wölfen angefallen."
Darauf Fritzi: „Aber Opa, letztes Jahr waren es noch 11!"
„Ja, damals warst du noch zu klein, um die ganze Wahrheit zu erfahren!"

437.
Tom und sein Vater fahren nach Hause. Die Straße ist kaum zu erkennen, weil es sehr neblig ist. Deshalb orientiert sich Toms Vater an den Rücklichtern des Fahrers vor ihnen. Nach einiger Zeit hält der Fahrer vor ihnen. Toms Vater ruft empört: „Warum halten Sie denn so plötzlich?"
Da hallt es zurück: „Was machen Sie in meiner Garage?"

438.
Mann auf dem Standesamt: „Guten Tag! Ich möchte gerne meinen Namen ändern!"
Beamter: „Wie heißen Sie denn?"
Mann: „Brenz."
Beamter: „Aber das ist doch ein normaler Name."
Mann: „Ja, schon, aber jedes Mal, wenn ich telefoniere und mich mit 'Hier Brenz' melde, kommt die Feuerwehr!"

439.
Max zu seinem Kumpel: „Ich bin echt genervt."
Kumpel: „Wieso?"
Max: „Weil meine Freundin eingebildet ist."
Kumpel: „Dann such dir doch eine, die es wirklich gibt!"

440.
Zwei Bären sitzen in ihrer Höhle und schauen zu, wie im Herbst das Laub von den Bäumen fällt.
Meint einer der Bären: „Eines sage ich dir, irgendwann lasse ich den Winterschlaf ausfallen und schaue mir den Typen an, der im Frühling die Blätter wieder an die Bäume klebt!"

441.
Anton zu Marla: „Guck mal, ich hab das Puzzle in nur 5 Monaten fertig gemacht."
Marla: „Aber, Anton, das ist doch nicht schnell!"
Anton: „Doch, auf dem Puzzle stand sogar 3 - 6 Jahre!"

442.
Schwarze Katzen kratzen mit schwarzen Tatzen.

443.
„Papa, kann ich einen Euro für einen alten Mann haben, bitte?"
„Na gut, Jessi, ich freue mich, dass du dich so um ältere Menschen kümmerst. Wo steht der Mann denn?"
„Da hinten beim Supermarkt, er verkauft Eis."

444.
Klein Paulchen kommt zu spät zur Schule. Er rennt die Treppen hoch und da steht schon der Direktor mit bösem Blick und sagt: „8 Minuten zu spät!"
Daraufhin Paulchen: „Ich auch."

445.
Es klapperten die Klapperschlangen, bis ihre Klappern schlapper klangen.

446.
Was ist schwarz-weiß und sitzt auf der Schaukel?
Ein Schwinguin.

447.
Wer wohnt im Dschungel und schummelt beim Spielen?
Mogli.

448.
Das Telefon bimmelt. Der Hund hebt ab, und meldet sich: „Wau!"
„Bitte?“, fragt die Stimme am anderen Ende der Leitung.
Der Hund wiederholt: „Wau!"
„Wer ist denn dort?"
„Wau! W wie Wilhelm, A wie Anton, U wie Ulrich!"

449.
Warum ließ Fritzchen den Joghurt fallen?
Er war nicht mehr haltbar.

450.
Was schmeckt besser als es riecht?
Die Zunge.

451.
Lehrer: „Kevin, komm mal an die Tafel! Zeig mir auf der Landkarte, wo Amerika liegt!"
Kevin: „Hier ist Amerika!"
Lehrer: „Sehr gut, Kevin."
Zur Klasse: „Und wer von euch weiß, wer Amerika entdeckt hat?"
Klasse: „Das war Kevin."

452.
Mutter: „Petra, möchtest du lieber ein Brüderchen oder ein Schwesterchen?"
Petra: „Och, wenn es nicht zu schwer für dich ist, Mutti, möchte ich am liebsten ein Pony haben."

453.
Treffen sich eine Null und eine Acht.
Sagt die Null: „Schicker Gürtel".

454.
Warum hat Fritzchen Actimel über seinen Computer geschüttet?
Damit er vor Viren geschützt ist.

455.
Lehrer: „Die griechische Mythologie ist voll mit erstaunlichen Wesen. Wie heißt zum Beispiel das Wesen zwischen Mensch und Pferd?"
Schüler: „Sattel!"

456.
Cleo fährt mit dem Fahrrad und fällt dabei um.
Eine Frau hat das gesehen und fragt: „Bist du gestürzt?"
Cleo antwortet wütend: „Nein, wissen Sie, ich steige immer so ab!"

457.
Lisa und Jonas knobeln. Jonas erklärt: „Jetzt werfe ich das Geldstück hoch. Bei Zahl habe ich gewonnen, bei Kopf verlierst du!"

458.
Herr Brömmel steigt betrunken in die U-Bahn.
Daraufhin sagt er zu einem Herrn in Uniform: „Einmal Beethovenplatz!"
Herr in Uniform: „Was erlauben Sie sich. Ich bin Admiral und kein Schaffner."
Herr Brömmel: „Tschuldigung, ich wusste ja nicht, dass ich auf einem Schlachtschiff gelandet bin."

459.
3 ältere Freundinnen im Alter von 72, 73 und 75 machen einen gemeinsamen Urlaub in einer schönen Villa.
Da will sich die erste ein Bad im zweiten Stock nehmen. In dem Moment, wo sie ihre Füße ins Wasser taucht, fragt sie rufend nach unten: „War ich gerade dabei ins Bad oder aus dem Bad zu gehen?"
Schreit die zweite Freundin: „Warte, ich komme hoch." Mitten auf der Treppe ruft sie: „Wollte ich gerade die Treppen hoch oder runter laufen?"
Klopft die dritte auf den Tisch und sagt: „Ich hoffe, ich werde nie so vergesslich." und ruft dann: „Moment, ich gehe schnell zur Tür, es hat geklopft."

460.
Was ist der Unterschied zwischen einem Beinbruch und einem Einbruch?
Nach einem Beinbruch muss man drei Monate liegen, nach einem Einbruch drei Monate sitzen.

461.
Bewirbt sich eine junge Frau beim Zirkus. „Was können Sie denn?", fragt der Direktor.
„Ich kann Vögel nachahmen."
„Ach, das kann doch jeder!", behauptet der Direktor.
„Dann eben nicht!" entgegnet die Frau und fliegt durch das offene Fenster davon.

462.
Doktor: „Mit Hilfe dieser Medizin können Sie endlich die ganze Nacht durchschlafen!"
Patient: „Das ist ja toll, und wie oft muss ich sie nehmen?"
Doktor: „So alle zwei Stunden!"

463.
Ein Mann sitzt im Zug und kaut mit offenem Mund auf seinem Kaugummi.
Ältere Dame gegenüber: „Junger Mann, es ist ja sehr freundlich von Ihnen mir so viel zu erzählen! Leider bin ich aber völlig taub."

464.
Was ist Orange und geht den Berg hinauf?
Eine Wanderine.

465.
Was ist der Unterschied zwischen einem Bäcker und einem Teppich?
Der Bäcker muss morgens früh um halb 4 aufstehen. Der Teppich kann liegenbleiben.

466.
„Deine Zähne sind wie Gelsenkirchen und Duisburg."
„Hä?"
„Da ist noch Essen dazwischen."

467.
Ein Autofahrer fährt auf der Autobahn, aber alle Autos fahren auf ihn zu. Da kommt im Radio die Meldung: „Achtung, Falschfahrer auf der A8!"
Da meint der Fahrer: „Was heißt hier einer? Alles voll mit denen!"

468.
Fritz hat eine Uhr bekommen und sie fällt ihm nach fünf Minuten schon das erste Mal runter. Da sagt er: „Mist, jetzt darf ich die Uhr nicht mehr aufheben, mir fehlen die Uhrheberrechte."

469.
Der Polizist hat einen Raser angehalten und will den Führerschein sehen.
Der Autofahrer ist empört: „Den habt ihr mir doch vor sechs Wochen abgenommen! Ihr habt ihn doch nicht etwa verschlampt?"

470.
Fragt das Häschen die Zapfsäule an einer Tankstelle:
„Bist du ein Roboter?“ - Keine Antwort.
„Bist du kein Roboter?“ - Keine Antwort.
Da wird es dem Häschen zu blöd: „Jetzt nimm doch endlich mal die Finger aus den Ohren, damit du mich verstehen kannst.”

471.
Warum können Geister so schlecht lügen?
Weil sie so leicht zu durchschauen sind.

472.
„Herr Doktor, Herr Doktor! Ich sehe seit zwei Tagen alles doppelt!”
„Ganz ruhig! Legen Sie sich erst einmal auf diese Liege.”
„Auf welche der beiden?”

473.
Meier: „Herr Doktor, gestern haben Sie mir doch das Stärkungsmittel verschrieben.”
Doktor: „Ja, was ist damit?”
Meier: „Ich bekomme die Flasche nicht auf!”

474.
Polizist: „Ihr Wagen ist völlig überladen! Ich muss ihnen leider den Führerschein abnehmen."
Autofahrer: „Aber das ist doch lächerlich. Der Führerschein wiegt doch höchstens 50 Gramm!"

475.
Doktor: „Ihnen geht's ziemlich schlecht. Sie haben Wasser in den Beinen, Kalk in den Adern und Steine in den Nieren!"
Patient: „Toll, wenn Sie mir jetzt noch sagen, dass ich Sand im Kopf habe, fange ich an zu bauen!"

476.
Passant: „Warum ziehen Sie denn ein Seil hinter sich her?"
Huber: „Ich hab's schon probiert, schieben geht nicht!"

477.
Ein Autofahrer: „Seid Ihr beiden Zwillinge?"
Polizist: „Nein, warum fragen Sie?"
Mann: „Na, weil euch eure Mami genau gleich angezogen hat."
Polizist: „Das reicht, Ihren Führerschein und Fahrzeugpapiere!"

478.
Ein Auto kommt rückwärts den Berg hinauf. Da kommt es bei einem Bauern vorbei. Der Bauer fragt den Fahrer: „Wieso fährst du rückwärts den Berg hoch?"
Der Fahrer: „Ich hab' gehört, dass man auf dem Berg nicht wenden kann."
Beim herunter fahren kommt das Auto wieder am Bauern vorbei aber wieder rückwärts.
Der Bauer fragt: „Wieso fährst du denn jetzt wieder rückwärts?"
Der Fahrer sagt: „Ich hab' dann doch was zum Wenden gefunden."

479.
Während sie das Gerichtsgebäude verlassen, fragt der Anwalt seinen grimmig dreinblickenden Mandanten: „Dieter, was ist denn los? Du wurdest doch gerade freigesprochen."
„Ja, aber jetzt stecke ich echt in der Klemme. Ich habe gerade meine Wohnung für drei Jahre vermietet."

480.
Herr Schmidt im Elektrogeschäft: „Ich brauche sechs durchgebrannte Glühbirnen!"
Verkäufer: „Was wollen Sie denn damit, die sind doch nicht mehr zu gebrauchen."
Herr Schmidt: „Doch, ich richte mir gerade eine Dunkelkammer ein."

481.
Warum ist der Reis verkocht?
Weil der Koch verreist ist.

482.
Zwei Schnecken stehen an einer Straßenkreuzung. Die eine möchte die Straße überqueren.
Sagt die andere: „Vorsicht! In zwei Stunden kommt der Bus."

483.
Jonathan sitzt in der Schule. Der Lehrer fragt ihn: „Warum ist ein Eisbär weiß?"
Daraufhin Jonathan: „Wenn er rot wäre, müsste er ja Himbär heißen."

484.
Im Ferienheim.
Inge: „Der Frühstückskaffee schmeckt heute wie Spülwasser!"
Heidi: „Das ist doch Tee."
Heimleiterin aus der Küche: „Noch jemand Kakao?"

485.
„Wieso stehst du denn die ganze Zeit an der Rolltreppe?“ will eine Dame von Fritzchen wissen.
Fritzchen: „Ich habe unterwegs meinen Kaugummi verloren und warte, dass er wiederkommt.”

486.
Ein Mann will die Katze seiner Frau heimlich loswerden und beschließt, sie auszusetzen. Er nimmt sie mit ins Auto, fährt 20 Häuser weit, setzt die Katze aus und fährt heim. Zehn Minuten später ist die Katze auch wieder da.
„Na gut.“, denkt sich der Mann, „war vielleicht ein wenig zu kurz die Strecke.“, setzt sich wieder mit der Katze ins Auto, fährt 5 Kilometer weit und setzt sie aus. Zwanzig Minuten später ist die Katze wieder zu Hause.
„Jetzt reicht's!“ denkt sich der Mann, nimmt die Katze mit ins Auto und fährt 20 Kilometer, dann durch den Wald, über eine Brücke, rechts, links und setzt die Katze dann schließlich mitten im Nichts aus. Eine halbe Stunde später ruft der Mann zu Hause an.
„Ist die Katze da?“ fragt er seine Frau.
„Ja, warum?”
„Hol sie mal ans Telefon, ich hab' mich verfahren.”

487.
Wenn kleine kräftige Krabbelkäfer heftig hinter Krabbelkäfern krabbeln, krabbeln kleine kräftige Krabbelkäfer heftig kleinen kräftigen Krabbelkäfern nach.

488.
Die kleine Sabine spielt im Wohnzimmer ihrer Großmutter. Plötzlich läuft sie gegen das Regal und eine große Vase fällt auf den Boden. Sie zerspringt sofort in viele kleine Teile. Die Großmutter schreckt auf und sagt: „Die Vase ist aus dem 18. Jahrhundert!"
Darauf antwortet Sabine erleichtert: „Puh – da habe ich ja Glück gehabt! Und ich dachte schon, sie wäre neu!"

489.
Knallmeier beim Psychiater: „Meine Frau schickt mich, da ich so gerne Pfannkuchen mag."
Psychiater: „Aber, das ist doch ganz normal. Ich mag auch gerne Pfannkuchen."
Knallmeier: „Wirklich! Wollen wir welche tauschen? Ich hab ein ganzes Album voll!"

490.
Müller kommt morgens pfeifend ins Büro, schmeißt seine Akten in die Luft, kippt seinem Chef den vollen Aschenbecher über den Kopf und fängt an zu tanzen.
Kollege: „Hör auf, du Knallkopf. Du hast nicht im Lotto gewonnen, wir haben mit dir nur einen Aprilscherz gemacht!"

491.
Kennst Du schon den Witz von den zwei Mäusen im Fahrstuhl?
Ich auch nicht, denn ich habe die Treppe genommen.

492.
Huber: „Du, ich werde immer von meinem eigenen Schnarchen wach."
Freund: „Leg dich doch einfach in ein anderes Zimmer!"

493.
Ein Futtermittel-Vertreter erscheint auf dem Bauernhof.
Er fragt den kleinen Bauernbuben: „Sag mal, wo kann ich denn deinen Vater finden?"
Darauf der Bub: „Im Schweinestall. Sie erkennen ihn an seinem karierten Hemd."

494.
Kellner: „Kann es sein, dass Sie sich vor kurzem das Rauchen abgewöhnt haben?"
Meier: „Ja, wieso?"
Mann: „Sie drücken Ihre Kekse im Aschenbecher aus!"

495.
Pia geht mit ihrem Vater in den Tierpark. Vor dem Affenkäfig sagt Pia:
„Schau mal, Papa, der alte Affe sieht aus wie Onkel Klaus."
„Aber Pia, so was sagt man nicht."
„Warum? Der Affe versteht das doch gar nicht."

496.
Was ist grün, glücklich und hüpft übers Gras?
Eine Freuschrecke.

497.
Friseurmeister zu seinem Lehrling: „Wenn du im Laden fertig bist, gehst du bitte auf den Hof und frisierst mein Motorrad!"

498.
Doktor: „Ihr Puls ist in Ordnung, aber Ihre Zunge ist belegt. Haben Sie denn Appetit?"
Patient: „Das kommt darauf an, mal ja, mal nein."
Doktor: „Und wann nicht?"
Patient: „Eigentlich immer nach den Mahlzeiten!"

499.
Welche Handwerker essen am meisten?
Maurer, die verputzen Häuser.

500.
Fritzchen geht zum Geigenunterricht. Als er den Geigenkasten öffnet, befindet sich eine Pistole darin.
Entsetzt sagt Fritzchen zum Geigenlehrer: „Jetzt steht mein armer Papa mit der Geige in der Bank!"

501.
Lena macht mit den Eltern Ferien auf dem Bauernhof. Da sieht sie, wie der Bauer den Schubkarren mit Mist belädt.
„Wohin bringen Sie den Mist?", fragt Lena interessiert.
„Der kommt auf die Erdbeeren", erklärt der Bauer schmunzelnd.
„Ach!", staunt Lena, „Wir tun immer Sahne darauf!"

502.
Knauser zum Postbeamten: „Ich hätte gerne eine Achtzig-Cent-Briefmarke. Aber machen Sie den Preis ab, es soll ein Geschenk sein!"

503.
Polizist: „Deine Lampe am Fahrrad funktioniert nicht. Du musst absteigen und schieben."
Schüler: „Hab' ich schon ausprobiert. Die funktioniert dann immer noch nicht."

504.
Frido liest an einer der U-Bahnstation ein Schild: „Auf der Rolltreppe müssen Hunde getragen werden!"
Fragt Frido: „Wo bekomme ich denn jetzt so schnell einen Hund her?"

505.
Ein Staubsaugervertreter will auf einem abgelegenen Bauernhof der Bäuerin seinen Staubsauger vorführen und schüttet einen großen Beutel Dreck vom Hof in die Stube.
Vertreter: „Ich werde jeden Krümel Dreck vom Boden aufessen, den dieser Staubsauger nicht wegsaugt!"
Bäuerin: „Na dann Mahlzeit, wir haben hier oben nämlich keinen Strom!"

506.
Der Arzt spritzt mit spitzer Spritze.

507.
Joe bewirbt sich als Holzfäller.
Chef: „Was haben Sie den vorher so gemacht?"
Joe: „Ich war Holzfäller in der Wüste Gobi!"
Chef: „Aber da gibt's ja gar keine Bäume."
Joe: „Da sehen Sie mal, wie fleißig ich war!"

508.
Auf der Pappel plappern Klapperstörche klapperdiklapp.

509.
Sitzen zwei Kühe im Kino. Kommt ein Pferd mit einem Strohhut auf dem Kopf und setzt sich vor die Kühe.
Sagt die eine Kuh: „Könnten Sie bitte den Hut absetzen? Wir können nichts sehen."
Das Pferd ganz verwundert: „Kühe im Kino. Wo gibt's denn so was?"

510.
Der froschforschende Froschforscher forscht in der froschforschenden Froschforschung.

511.
Richter: „Sie wurden gesehen, wie Sie das Fahrrad gestohlen haben. Was sagen Sie zu Ihrer Verteidigung?"
Dieb: „Wissen Sie, das Rad lehnte an der Friedhofsmauer und ich dachte, der Besitzer sei gestorben!"

512.
Warum haben Polizisten immer eine Schere dabei?
Damit sie den Räubern den Weg abschneiden können.

513.
Lehrer: „Wie heißen Sie?"
Schüler: „Müller ohne 'f', Herr Lehrer."
Lehrer: „Ohne 'f'?"
Schüler: „Ja, ohne 'f'!"
Lehrer: „Aber Müller schreibt man doch immer ohne 'f'."
Schüler: „Ja! Das sag' ich ja die ganze Zeit."

514.
Alle Angler angeln Aale am Aland. Am Aland angeln alle Angler Aale.

515.
Karli schleppt beim Umzug in der Schule einen schweren Schrank keuchend die Treppe hoch.
Vater: „Ich hatte dir doch gesagt, dass deine Brüder dir bei dem schweren Schrank helfen sollen."
Karli: „Das tun sie doch auch. Sie sitzen beide im Schrank, und halten die Ordner fest, damit sie nicht rausfallen."

516.
Zwei Ziegen zogen zehn Zentner Zucker zum Zoo.

517.
Was machen Mathematiker im Garten?
Wurzeln ziehen.

518.
Der Deutschlehrer fragt seine Schüler: „Wer kann mir sagen, ob es der Monitor oder das Monitor heißt?"
Fritzchen antwortet: „Eigentlich heißt es DER Monitor. Aber wenn Moni beim Fußball ein Tor schießt, heißt es DAS Monitor."

519.
Blöd, Nichts und Niemand sind auf einem Schiff. Niemand fällt ins Wasser, aber Nichts traut sich nicht die Polizei anzurufen. Also ruft Blöd die Polizei an und sagt: „Guten Tag, ich rufe für Nichts an, weil Niemand ins Wasser gefallen ist."
Die Polizistin fragt: „Sind Sie blöd?!"
„Ja genau, woher wussten Sie das?"

520.
Der Flugplatzspatz nahm auf dem Flugplatz platz. Auf dem Flugplatz nahm der Flugplatzspatz platz.

521.
Schwarze Katzen kratzen mit schwarzen Tatzen.

522.
Schnecken erschrecken, wenn Schnecken an Schnecken schlecken, weil zum Schrecken vieler Schnecken, Schnecken nicht schmecken.

523.
Eine Mutter möchte ihren Sohn wecken: „Paulchen, steh auf, du musst zur Schule!"
Paulchen: „Bitte Mama, lass mich noch ein bisschen Schlafen!"
Die Mutter: „Nein, es ist wirklich schon Zeit, steh bitte auf!"
Paulchen: „Ich will aber nicht. Die Kinder ärgern mich und die Lehrer nerven total!"
Mutter: „Schluss damit, steh endlich auf!"
Paulchen: „Mama, sag mir zwei gute Gründe, warum ich zu der doofen Schule soll!"
Mutter: „Erstens bist du 45 Jahre alt und zweitens bist du der Schuldirektor!"

524.
Was näht man mit einer Kompassnadel?
Westen.

525.
Oberkellner zu Kellner: „Was hat denn eigentlich der Gast von Tisch 8 ins Beschwerdebuch geschrieben?"
Kellner: „Nichts, er hat nur sein Kotelett eingeklebt!"

Schon vorbei?

Das war's leider schon von meinen besten Witzen. Ich hoffe, ihr konntet beim Lesen viel lachen und hattet euren Spaß. Welche dieser Witze haben euch am meisten gefallen?

Schaut sie euch ruhig nochmal an und merkt sie euch gut. Dann könnt ihr sie auch euren Freunden und eurer Familie erzählen. Bestimmt werden sie die Witze genau so lustig finden wie ihr!

Ich würde mich auch sehr über Feedback in Form einer Kundenrezension freuen. Damit helft ihr mir, besser zu werden. Denn eure Zufriedenheit ist mir sehr wichtig.

Durch den Scan dieses QR-Codes, gelangst du auf die Produktseite, um eine Rezension schreiben zu können.

Auch für weitere Anregungen oder Fragen stehe ich jederzeit gerne zur Verfügung.

Liebe Grüße

Euer Benno Lustig

Impressum
©
1. Auflage Juli 2022

Autor: Benno Lustig
Vertreten durch: Paul Diego Salazar Koletzki
Messelweg 26, 60488 Frankfurt am Main

ISBN: 979-8-84284-093-9
Printed by Amazon

Printed in Germany
by Amazon Distribution
GmbH, Leipzig

33243943R00087